Gisela Kirschstein

Flutkatastrophe Ahrtal

Gisela Kirschstein

Flutkatastrophe Ahrtal

Chronik eines Staatsversagens

Frankfurter
Allgemeine
Buch

Bibliografische Information der Deutschen Nationalbibliothek
Die Deutsche Nationalbibliothek verzeichnet diese Publikation in der Deutschen Nationalbibliografie; detaillierte bibliografische Daten sind im Internet über http://dnb.d-nb.de abrufbar.

Hinweis
Wir sind uns bewusst, dass die Haltung zum Thema Gendern durchaus vielfältig ist. In dieser Publikation haben wir zugunsten einer besseren Lesbarkeit hauptsächlich das generische Maskulinum verwendet, womit wir immer zugleich weibliche, männliche und diverse Personen meinen.

Frankfurter
Allgemeine
Buch

Frankfurter Allgemeine Buch
Pariser Straße 1
60486 Frankfurt am Main

Umschlagsidee: 3st, Mainz, Adobe Stock petovarga
Satz: Nina Hegemann
Druck: CPI books GmbH, Leck
Printed in Germany

1. Auflage
Frankfurt am Main 2023
ISBN 978-3-96251-149-4

Frankfurter Allgemeine Buch hat sich zu einer nachhaltigen Buchproduktion verpflichtet und erwirbt gemeinsam mit den Lieferanten Emissionsminderungszertifikate zur Kompensation des CO_2-Ausstoßes.

Inhalt

Apokalypse im Ahrtal

Die Tankstelle von Dernau ist eine verbogene Trümmerbüchse. Ein paar Schritte weiter, an einer Straßenecke, liegt ein Weintank im Nirgendwo. Schuttberge, wohin das Auge blickt, Hausrat, dick von Schlamm überzogen. Alles ist grau oder braun, die Fenster der Häuser sind leere Höhlen. Und über allem liegt ein beißender Gestank, der von den giftigen Schlammmassen aufsteigt: Auf Autos und Weinfässern, auf Büschen, Terrassen, in Häusern, Kellern, Straßen – der Schlamm ist einfach überall.

Es ist der 20. Juli 2021 und in Dernau herrscht ein Zustand, den man nur mit einem Wort beschreiben kann: Apokalypse. Vor sechs Tagen ist eine bis zu zehn Meter hohe Flutwelle durch das Ahrtal gerauscht und hat buchstäblich keinen Stein auf dem anderen gelassen. Brücken – zerstört. Bahngleise – einfach weggerissen. Bäume ragen aus Hotels, Autos stehen senkrecht in Vorgärten. 9000 Häuser sind mit meterhohem Schlamm geflutet, manche einfach weggerissen worden.

Der Bahnhof von Dernau hat sich wie durch ein Wunder der Flut entgegengestemmt – doch das Erdgeschoss des Fachwerkbaus ist verwüstet und gähnt gespenstisch leer in dem glühend heißen Nachmittag. Auf der Straße vor dem Gebäude verklebt getrockneter Schlammstaub die Luft, auf dem Bahnsteig wirken die Ruinen von Wartehäuschen und Gleisanlagen wie Relikte einer lange vergessenen Geisterstadt im Nirgendwo – die Gleise, sie führen ins Nichts.

Es sind Bilder, die das Gehirn nicht fassen kann, und doch sind sie da, brennen sich in die Netzhaut ein, legen das gesamte Denken lahm. Eine Infrastruktur gibt es nicht mehr, Geschäfte, Banken, Busse – nichts davon existiert mehr. „Mal eben“ irgendwo hinkommen, um irgendetwas zu erledigen, diese Kategorie existiert in den meisten Orten im Ahrtal nicht mehr. Die apokalyptische Realität beherrscht alles, zieht einen in ihren Bann, vereinnahmt, saugt einen hinein wie in einen Strudel.

Straße um Straße torkelt man entlang, jede einzelne ist voller Trümmer, vor jedem einzelnen Haus Berge schlammüberzogenen Mülls, die Gegenstände verfremdet bis zur Unkenntlichkeit. Und das nicht nur in einer Straße, nein: Es folgt noch eine. Und noch eine. Ein ganzes Viertel. Die ganze Stadt. Der Nachbarort. Und der nächste. Und der übernächste.

Es ist wie ein Alptraum, aus dem es kein Entrinnen gibt. Und genauso agieren auch die Menschen darin. Wie versteinert schuften sie bis zum Umfallen. Bloß nicht Nachdenken. Anpacken, Wegmachen, Aufräumen. „Wenn hier alles wieder sauber ist", sagt eine Frau, und gleich noch einmal: „Wenn bloß alles demnächst wieder sauber ist ..."

Und dann zeigt sie Fotos aus jener Nacht: von ihrem Auto, das die Fluten in der Einfahrt des Hofes umherwirbelten, von Wassermassen in stockdunkler Nacht. 134 Menschen werden die Fluten in dieser Nacht mit sich reißen, eigentlich sind es sogar 136 – zwei Menschen werden bis heute vermisst. Da ertrinkt in Bad Neuenahr eine junge Frau, Anfang 20, in ihrer Wohnung im Erdgeschoss, die Nachbarn rufen noch: „Du musst kommen, du musst kommen" – doch es ist zu spät: Die Flut drückt sie unter Wasser.

Zwei Winzerinnen werden von dem Strom mitgerissen, als sie ihren Betrieb sichern wollen, sie können sich auf einen Baum retten, klammern sich die ganze Nacht dort fest, mitten in den Fluten. Ein anderer Überlebender harrt über Stunden auf einem Friedhofskreuz aus – umtost vom Wasser. Andere verlieren den Kampf: Ein Vater, den Sohn in den Armen, muss mitansehen, wie seine Frau den Halt verliert – und samt Tochter versinkt.

Andere hören die ganze Nacht ihre Nachbarn um Hilfe schreien – bis die Schreie auf einmal verstummen, abrupt abgeschnitten. In Sinzig ertrinken noch um zwei Uhr in der Frühe zwölf Menschen in einem Behindertenwohnheim der Lebenshilfe. Sie ertrinken, weil niemand sie aus ihren Zimmern im Erdgeschoss holt, weil die einzige Pflegekraft nicht glauben kann, dass das Wasser so hoch steigen wird. Im engen Ahrtal wird sich die Welle in der Nacht vom 14. auf den 15. Juli 2021 bis zu zehn Meter hoch auftürmen. Sie reißt ganze Häuser weg, Häuser mit Menschen darin.

Hat sie denn niemand gewarnt?

Ja, es habe Hinweise auf Starkregen und Hochwasser gegeben, erzählen die Leute – aber das hier? Durchsagen der Feuerwehr, dass starkes Hochwasser zu erwarten sei, die habe es gegeben, erzählt mir Ursula in Dernau. Da hinten am Haus gebe es am ersten Stock eine Markierung in vielleicht fünf, sechs Metern Höhe, von einem Hochwasser anno 1830. So hoch werde das Wasser nie mehr steigen, hätten sie immer gesagt, erzählt Ursula: „Jetzt waren es noch drei Meter mehr."

Ja, eine Sirene gebe es im Ort sogar, auf der Kirche, doch die Sirene habe geschwiegen. Oben am Himmel kreist ein Polizeihubschrauber dröhnend über dem Ort. „So, mit dem Hubschrauber", sagt Nachbar Peter, „so hätte man warnen müssen, mit Lautsprecher und so." Aber gewarnt, das sagen sie hier alle: Gewarnt wurden sie nicht.

Wie kann das sein? Mitten in Deutschland, im 21. Jahrhundert? Wie kann es sein, dass im Jahr 2021 ein ganzes Tal in tosenden Wassermassen versinkt – und niemand erfährt es? Niemand schickt eine Warnung, niemand evakuiert – niemand rettet? Und dort, an jenem 20. Juli 2021, leiste ich einen Schwur: Das hier muss aufgeklärt werden. Zwei Jahre und sehr, sehr viele Recherchestunden später hat sich bestätigt, was ich damals schon ahnte, was ich damals schon schrieb: „Es gibt nur ein Wort für das hier – Staatsversagen."

Im Oktober 2021 konstituierte sich der Untersuchungsausschuss zur Aufklärung der Flutkatastrophe im Ahrtal. Er hat inzwischen 41 Sitzungen absolviert und dabei rund 250 Zeugen und 20 Sachverständige befragt. Stundenlang hat der Ausschuss Zeugenaussagen angehört, Fragen gestellt, nachgebohrt - oft in Mammutsitzungen von zwölf, vierzehn, sechzehn Stunden Länge. Es wird ein Untersuchungsausschuss, der wie wenige seiner Art tatsächlich umfassende Aufklärung betreibt, der unfassbares Versagen zutage fördert, und an dessen Ende immerhin zwei Minister nicht mehr im Amt sind.

Dieses Buch basiert auf den Aussagen, die dort getätigt wurden, wörtlich mitgeschrieben in endlosen Stunden, ausgewertet und – wo nötig – in weiteren Gesprächen und Recherchen verifiziert. Es waren oft erschütternde Berichte, die manches Mal den großen Plenarsaal des Landes Rheinland-Pfalz so still werden ließen, dass man eine Stecknadel fallen hören konnte. Und mehr als einmal wischte man sich auf der Pressetribüne und im Saal versteckt die Augen.

Unten wurde ein Puzzle zusammengesetzt, das Stück für Stück ein erschütterndes Bild ergab: Es ist das Bild eines Landes, in dem Verantwortung fast nur noch delegiert wird. In dem Spitzenbeamte in einer Krise Dienst nach Vorschrift machen, und Warnungen daran scheitern – dass niemand ein Fax schickt. Ein Land, in dem zuständige Staatssekretäre sich gemütlich mit einem Bierchen vor den Fernseher setzen und Minister ins Bett gehen, während eine gewaltige Flutwelle durch ein Tal rauscht und Menschen um ihr Leben kämpfen.

Ein Land, in dem niemand etwas tut – man könnte ja einen Fehler machen. Und dafür belangt werden. Wir haben uns verstrickt in Regularien und Vorschriften, und wir ersticken mit Angst vor Konsequenzen jede Initiative und jede Verantwortungsübernahme im Keim. „Verantwortungs-Diffusion" nennt das der frühere THW-Präsident und ausgewiesene Katastrophenschutzexperte Albrecht Broemme. Deutschland dürfte inzwischen darin Weltmeister sein.

Wenn die Angst, Fehler zu machen, größer ist als der Wille, Menschenleben zu retten, dann läuft etwas gewaltig schief im Staate Deutschland. Die Politiker verschanzen sich derweil hinter Sätzen wie „wir sind gut aufgestellt" und „eine Flutwelle war nicht erkennbar" – die oberste Maxime lautet: Bloß keine Fehler einräumen. Bis heute hat sich in Rheinland-Pfalz niemand von Amts wegen für die Fehler entschuldigt, die bei der Flutkatastrophe im Ahrtal passiert sind, für die Fehler, die 136 Menschen das Leben gekostet und die Leben so vieler anderer zerstört haben.

Nichts ist gut im Ahrtal, auch zwei Jahre nach der Flut nicht. Aber in der Mainzer Landesspitze tut man so, als sei alles „auf einem guten Weg" – und irgendwie weit weg. Das Ahrtal war immer schon eine Art vergessene Grenzregion in Rheinland-Pfalz, halb zu Nordrhein-Westfalen gehörend, irgendwie nicht so wichtig. Aber das Ahrtal ist überall, die Katastrophen nehmen zu, und würde heute, würde morgen wieder so eine Katastrophe geschehen – wären wir besser gerüstet? Haben unsere Feuerwehren die geeigneten Geräte, um zu retten? Der Staat die geeigneten Mittel, um zu warnen?

Großartige Menschen haben in der Nacht der Flutkatastrophe Heroisches geleistet. Männer und Frauen, die in der Flutnacht ohne zu zögern in den Einsatz zogen und halfen und retteten, obwohl ihr eigenes Haus unter Wasser stand. Hubschrauberpiloten, Wehrführer, Feuerwehrleute, Bundeswehrsanitäter, sie alle retteten Menschen in letzter Sekunde aus den Fluten, oft unter Einsatz ihres eigenen Lebens. „Die wahren Helden der Flutnacht“ habe ich sie genannt – ihnen ist ein eigenes Kapitel gewidmet.

Denn diese Männer und Frauen haben gezeigt, worauf es ankommt, wenn alles ins Wanken gerät: Eigeninitiative, kühles Denken und mutige Entscheidungen. Es sind nicht ihre Versäumnisse, die zur Katastrophe geführt haben – sondern die der Politik. Der Katastrophenschutz in Deutschland, er braucht einen Neustart. Eine eigene Zeitenwende. In Material, Ausrüstung und Denken. Dieses Buch will einen Beitrag dazu leisten. Damit nie wieder dieser Satz fallen muss wie im Ahrtal, nach der gewaltigen Flut: Nein, gewarnt wurden wir nicht.

Kapitel 1: „Nehmen Sie die Situation ernst“

Es ist der 14. Juli 2021 gegen 16.20 Uhr, als Anne Spiegel ans Rednerpult des Mainzer Landtags tritt. Hinter der rheinland-pfälzischen Klimaschutzministerin von den Grünen rauscht der Rhein am Fenster der Rheingoldhalle entlang – und er rauscht bereits ziemlich hoch. „Starkregen und Überschwemmungen in Rheinland-Pfalz“ lautet der Titel der Aktuellen Stunde der Plenarsitzung, ausgerechnet.

Anne Spiegel redet engagiert, der Klimawandel und seine Folgen sind ihr Fokus, aber auch die aktuelle Lage: „Die heutigen Starkregenereignisse zeigen uns eindrücklich die Auswirkungen des Klimawandels“, sagt Spiegel. Seit Tagen schüttet es, die Böden sind gesättigt, die Flüsse können die Wassermassen nicht mehr fassen. Die bangen Blicke auch der Abgeordneten gehen zum Himmel und Richtung Rhein.

„Informieren Sie sich, nehmen Sie die Situation ernst“, appelliert die Ministerin vom Rednerpult aus an die Bevölkerung, und warnt insbesondere die Campingplatzbetreiber an den Flüssen: „Behalten Sie die Situation im Blick und betreiben Sie Vorkehrung!“

Zu dieser Minute kämpfen auf einem Campingplatz in Dorsel an der oberen Ahr bereits Menschen in ihren Campingwagen um ihr Leben. Die Wege des Platzes „Stahlhütte“ sind bereits geflutet, das Wasser um die Caravans steigt Minute um Minute höher.

„Lebensbedrohlich wurde es gegen 16.00 Uhr“, sagt Dieter Merten, Wehrleiter der Verbandsgemeinde Adenau. Seit dem Morgen nieselte es, ab 13.00 Uhr seien die ersten Meldungen über Wasser in Kellern reingekommen, berichtet Merten dem Untersuchungsausschuss zur Flutkatastrophe im Ahrtal gut ein halbes Jahr später. Um fünf Uhr nachmittags waren bereits alle 23 Feuerwehr-Einheiten im Einsatz.

Dies war der Zeitpunkt, ab dem „die Lage nicht mehr beherrschbar gewesen ist“, wird Merten später sagen: „Spätestens dann mussten wir um unser eigenes Leben fürchten.“

Im Mainzer Landtag wissen sie davon offenbar nichts. Einen Tag zuvor hatte Spiegel noch im rheinland-pfälzischen Ministerrat über die Wetterlage berichtet: Es drohe Hochwasser – mehr nicht. Auch im Plenum sendet Spiegel eine zweigeteilte Botschaft: Man möge bitte die Lage ernst nehmen, „auch an kleinen Flüssen vor allem im Norden des Landes wird es infolge des ergiebigen Dauerregens zu Überflutungen und Hochwasser kommen.“

Von der Ahr ist nicht die Rede: Rhein und Mosel, hier liegt der Fokus der Landesregierung. Das kleine Tal hoch im Norden des Bundeslandes liegt im wahrsten Sinne des Wortes am Rande – des Landes und der Aufmerksamkeit. Die Hochwasser an Rhein und Mosel würden sich „im Bereich eines zwei- bis zehnjährigen Hochwassers bewegen“, sagt Spiegel. Um 16.42 Uhr, nach Ende der Hochwasser-Debatte, gibt das Ministerium von Anne Spiegel eine Pressemeldung zur aktuellen Hochwasserlage heraus. Darin findet sich der Satz: „Wir nehmen die Lage ernst, auch wenn kein Extremhochwasser droht.“ An der oberen Ahr besteht zu diesem Zeitpunkt bereits Lebensgefahr.

Für die Ministerin lautet die wichtigere Botschaft: Als Land sei man „auf Hochwasserereignisse gut vorbereitet“, habe in den vergangenen 25 Jahren insgesamt rund 1,2 Milliarden Euro in den Hochwasserschutz investiert. Die Botschaft: Alles im Griff. Extremes droht nicht. „Hochwasser kennen wir in Rheinland-Pfalz“, wird Ministerpräsidentin Malu Dreyer (SPD) später wieder und wieder betonen – der Satz belegt, wie sehr die Landesregierung die Krise unterschätzte.

Denn was sich draußen zusammenbraut, ist nichts weniger als die größte Katastrophe seit dem Zweiten Weltkrieg – mindestens in Rheinland-Pfalz, wenn nicht in ganz Deutschland, die legendäre Hamburger Sturmflut einmal ausgenommen. In den kommenden Stunden wird sich eine gigantische Flutwelle durch das Ahrtal schieben. Sie wird vor nichts Halt machen, Straßen, Brücken und ganze Häuser wegreißen. Und sie wird 134 Menschen den Tod bringen, mindestens. Eigentlich sind es 136 – zwei Menschen werden bis heute vermisst.

Drama in Dorsel

Das Drama beginnt auf dem Campingplatz Stahlhütte in Dorsel. „Ab 17.00 Uhr haben wir angefangen, Leute aus dem Wasser zu holen", berichtet Melanie Ulrich. Die 42-Jährige ist eigentlich Büroangestellte, doch im Ehrenamt eben auch Wehrführerin der Feuerwehr Antweiler. „Es war keinem von uns bewusst, dass das kommen würde, was kam", betont auch Ulrich vor dem Untersuchungsausschuss in Mainz. Überfordert? „Das waren wir eigentlich relativ schnell", sagt sie.

Melanie Ulrich ist ab kurz vor fünf am Nachmittag zur Lageerkundung auf dem Campingplatz in Dorsel. „Da kamen uns auch schon die ersten Leute mit gepackten Koffern entgegen", berichtet sie. Ulrich ist nur mit einem Kollegen da, sie fordern sofort Verstärkung an. Zu der Verstärkung gehören auch Katharina Kraatz und ihr Vater Udo, ein altgedienter Feuerwehrmann und seine Tochter.

Katharina ist gerade einmal 19 Jahre alt. Feuerwehrfrau war immer ihr Traum, so erzählen ihre Eltern es später wieder und wieder in den Medien – schon als Kind sei sie in den Feuerwehrstiefeln ihres Vaters durch die Wohnung gestapft.

Auf dem Campingplatz in Dorsel herrscht inzwischen Chaos. Der Campingplatzbetreiber sei gewarnt worden, er solle den Platz räumen, so berichtet es Wehrleiter Merten dem U-Ausschuss. Doch der Mann habe nur gesagt, er wisse, was Hochwasser sei, es würde schon nicht so schlimm werden.

Der Campingplatzbesitzer selbst bestreitet das, betont vor dem Ausschuss in Mainz: Natürlich habe er seine Bewohner gewarnt, zweimal sei er über den ganzen Platz gelaufen. Ob es nun eine Verzögerung bei der Warnung gab oder nicht – der Zeitverzug wird für einige der hier Lebenden tödlich ausgehen. „Was wir zu dem Zeitpunkt nicht wussten war, dass viele Menschen dort dauerhaft lebten, auch ältere", sagt Merten.

40 Menschen sind mit erstem Wohnsitz in Mobilheimen auf dem Campingplatz gemeldet, eine von ihnen ist eine ältere, bettlägerige Frau. Katharina Kraatz geht zu ihr, will ihr beistehen, bis die angeforderte Verstärkung kommt. Doch dafür ist es bereits viel zu spät, das Wasser strömt mit Kraft über den Platz – und es steigt. „Aufgrund der starken Flut ist die Tür zugeknallt", berichtet Merten, und seine Stimme ist nicht mehr ganz fest: „Vor den Augen ihrer Kollegen ist der Container von der Flut weggeschwemmt worden."

Katharina, die bettlägerige Frau und fünf weitere Campingplatzbewohner werden an diesem Nachmittag hier sterben. Es ist irgendwann zwischen 17.00 Uhr und 18.00 Uhr. Sie sind die ersten von insgesamt 136 Toten im Ahrtal.

Unruhe im Parlament

Es ist gegen 17.00 Uhr, als Innenstaatssekretär Randolf Stich eine E-Mail erhält. Wie praktisch das gesamte Kabinett sitzt auch Stich in der Landtagsdebatte, die E-Mail ist dringend: die Hochwasserlage sei angespannt, erfährt der Staatssekretär. Stich telefoniert mit der Dienstaufsichtsdirektion ADD in Trier, sie ist zuständig für die Koordination der Rettungskräfte in einem größeren, mehrere Kreise umfassenden Krisenfall. Stich erfährt, dass der Campingplatz in Dorsel unter Wasser steht, dass Personenrettung nötig ist.

Er tauscht sich mit seinem Amtskollegen in Spiegels Klimaschutzministerium, Staatssekretär Erwin Manz, aus, man zeigt sich Bilder auf einem Laptop, so wird Manz es später dem Untersuchungsausschuss berichten. Die Regierungsbank ist nicht die einzige, auf der sich Unruhe breitmacht: Quer durch die Fraktionen gehen immer mehr beunruhigende Nachrichten aus den Landesteilen ein, vor allem aus der Eifel und der Region um Bitburg und Trier. Die ersten Abgeordneten verlassen das Plenum, um nach Hause zu eilen.

Um 17.48 Uhr erhält Innenminister Roger Lewentz (SPD) einen Anruf von ADD-Präsident Thomas Linnertz: Er informiert den Minister über die dramatische Lage auf dem Campingplatz in Dorsel. Man versuche dringend, Hubschrauber zur Menschenrettung zu bekommen, sagt Linnertz. Noch allerdings habe man keinen Erfolg gehabt.

Rheinland-Pfalz besitzt natürlich eigene Polizeihubschrauber – doch diese sind nicht für die Menschenrettung aus der Luft ausgerüstet. Den Helikoptern steht keine Seilwinde zur Verfügung, und auch kein ausgebildeter Beamter, der sie bedienen kann. Dabei gab es bereits 2016 ein verheerendes Hochwasser an der Ahr: Auf 3,70 Meter stieg damals das kleine Flüsschen an, auch damals schon mussten Menschen von Campingwagen-Dächern gerettet werden.

Eigentlich hätten danach schon Hubschrauber mit Seilwinden angeschafft werden sollen, berichtet Dieter Merten dem U-Ausschuss – doch es passierte: nichts. Rheinland-Pfalz verlässt sich auf eine Kooperation mit Hessen: Dort gibt es zwei Hubschrauber mit Seilwinden, im Notfall fordert man eben die an. Doch bis die Hessen am Unglücksort eintreffen, kann es schon mal zwei Stunden dauern – so wie an diesem Abend.

Hubschrauber aus Hessen: „Wir warten jetzt nicht mehr"

Tobias Frischholz erscheint am Abend des 14. Juli 2021 um 17.30 Uhr zum Nachtdienst, der Polizeibeamte ist Teil der Hubschrauberfliegerstaffel in Hessen, stationiert in Egelsbach bei Langen. Nur 12 Minuten später kommt „eine Anforderung aus Rheinland-Pfalz, ob wir einen Windenhubschrauber stellen können, da auf dem Campingplatz in Dorsel fünf Personen eingeschlossen seien", so berichtet es Frischholz dem Untersuchungsausschuss des Landtags im Mai 2022.

Doch in Hessen ist an dem Abend regulär kein Windenführer im Dienst. Frischholz telefoniert herum, fündig wird er in Mayen in der Eifel. Doch inzwischen hängt er in der Luft, die konkrete Einsatzaufforderung aus Rheinland-Pfalz kommt einfach nicht – dort ist jetzt auf einmal von der Bundeswehr die Rede. Gegen 18.45 Uhr oder 18.50 Uhr wird den Hessen das Warten zu bunt, immerhin ist bereits eine ganze Stunde vergangen – und der Weg zum Ahrtal ist weit.

„Wir sind eigenmächtig gestartet, wir haben gesagt, wir warten jetzt nicht mehr", berichtet Frischholz dem U-Ausschuss. In Wiesbaden sammeln sie erst einmal zwei Feuerwehrleute ein, dann geht es das Rheintal hoch nach Mayen, um dort den Windenführer aufzunehmen. „Wir merkten schnell, das Wetter ist schlecht", erinnert sich Frischholz: „Die Wolken waren praktisch rechts und links aufliegend, wir mussten langsam machen."

Die Hessen fliegen von Bad Neuenahr aus Richtung Dorsel das Ahrtal hoch, und je weiter sie kommen, desto deutlicher sehen sie das Ausmaß der Flutwelle. „Uns kam immer größeres Treibgut entgegen: erst Strohballen, dann Gastanks, dann ganze Kleinlaster", berichtet Frischholz. Um 20.14 Uhr landen sie in Dorsel, da berichten ihnen die Kollegen bereits von sechs abgetriebenen Menschen plus Feuerwehrfrau Katharina Kraatz.

Die Hessen können noch einen Camper von der Deichsel seines Wohnwagens retten und einen weiteren Mann vom Dach seines Autos – dann werden sie in den nächsten Ort gerufen. Dort soll jemand in seinem Fahrzeug eingeschlossen sein. Die Retter finden zwar zwei Pkws, aber niemand ist bei den Wagen. Stattdessen sehen sie in der Nähe ein etwas älteres Ehepaar, das im 1. Stock seines Hauses auf dem Balkon steht.

„Das Wasser stand schon direkt am Balkon", erinnert sich Frischholz. Die Retter sammeln das Ehepaar ein und bringen es an einen höher gelegenen Ort. Zurück in Dorsel erspähen sie einen Pkw auf einer völlig umspülten Landstraße, berichtet Frischholz: „Dort saß ein Mann auf seinem Dach, das Wasser stand noch ganze zehn Zentimeter weiter unterhalb – den haben wir dann von seinem Fahrzeug gezogen."

Sie holen noch einen Mann aus einem Fahrzeug an einer Baumgruppe, die Feuerwehr steht derweil in 30 Metern Entfernung auf der trockenen Straße – hilflos, ohne jede Möglichkeit zu retten. Inzwischen ist es 21.30 Uhr oder 21.40 Uhr, es wird dunkel, die Retter müssen dringend tanken – buchstäblich mit dem letzten Tropfen Benzin erreichen sie die Hubschrauber-Tankstelle.

Mit der Leitstelle in Koblenz habe er nur kurz Kontakt gehabt, berichtet Frischholz: „Hier sind Wassermassen en masse", gibt er durch, seine Handybilder kann er schon nicht mehr verschicken – das Netz ist total überlastet. Wie viele Menschen er in der Nacht gerettet hat? Fünf, sagt Frischholz.

Wieso erreichen die dramatischen Nachrichten Mainz nicht?

Wissen sie in Mainz von alldem nichts? Wieso erreichen diese dramatischen Nachrichten weder den Innenminister noch seinen Staatssekretär – und schon gar nicht die Ministerpräsidentin? Denn so schildern es Roger Lewentz und Malu Dreyer unisono dem Untersuchungsausschuss, als sie im April 2022 erstmals vor das Gremium zitiert werden. Man sei „von einem schweren Hochwasser ausgegangen", beteuern beide Spitzenpolitiker. „Das Ausmaß der Flutkatastrophe an der Ahr war noch nicht abzusehen", sagt Dreyer.

Die Ministerpräsidentin wird noch im Plenum von Lewentz über die Lage in Dorsel informiert. Dreyer beugt sich über die leeren Sitzplätze hinweg zu ihrer Umweltministerin Anne Spiegel – wegen Corona herrschen noch Abstandsregeln. Dreyer fragt Spiegel, ob die beiden zuständigen Staatssekretäre Stich und Manz in Kontakt stünden. Spiegel bejaht.

Die beiden Staatssekretäre wären dafür zuständig, das Wissen aus den Bereichen Hochwasserwarnungen (Manz) und Katastrophenschutz (Stich) untereinander auszutauschen und miteinander zu verknüpfen – doch das geschieht nicht. Er habe sich mit Manz im Plenum „über Medienberichte ausgetauscht", berichtet Staatssekretär Stich bei seiner Vernehmung vor dem U-Ausschuss. Er selbst habe „die Pegel-Warnapp gecheckt" und Manz zugerufen: „Mensch, da und da steigt der Pegel an", will sich Stich an den Plenumstag erinnern.

Beide Staatssekretäre, immerhin die Amtschefs ihrer beiden Häuser, werden den Rest des Abends nicht ein einziges Mal mehr miteinander telefonieren und nur einmal in direktem Austausch stehen: Um 23.00 Uhr schickt Manz eine E-Mail an Stich, sie enthält einen dramatischen Notruf der Altenahrer Bürgermeisterin Cornelia Weigand.

Ob Manz Stich über dramatisch steigende Pegel an den Ahr informiert hat? Stich kann sich nicht mehr erinnern. Hat ihm der Umwelt-Staatssekretär denn wenigstens mitgeteilt, dass das Hochwassermeldezentrum inzwischen die höchste Warnstufe ausgerufen hat? „Nach meiner Erinnerung: Nein“, antwortet Stich.

Sein Kollege Erwin Manz begibt sich trotz der angespannten Lage nach Hause, isst zu Abend, genehmigt sich ein Bierchen, schaut noch Spätnachrichten – und geht zu Bett. Stich wiederum behauptet, er habe die E-Mail „mit überwiegender Wahrscheinlichkeit“ erst am nächsten Morgen gelesen. Wieviel genau der Staatsekretär in der Flutnacht erfährt – Stich kann es nicht mehr aufklären: Im September 2022 erkrankt er schwer an Krebs, im November 2022 scheidet er aus dem Amt aus. Im Juli 2023 stirbt Staatssekretär Randolf Stich mit nur 57 Jahren.

Warnstufe Lila beim Hochwasser-Meldedienst

Zuständig für Pegelstände und Hochwasserwarnungen ist das Landesamt für Umwelt in Mainz – und das warnt bereits um 11.00 Uhr vor steigenden Pegelständen und erheblicher Hochwassergefahr. Um 11.14 Uhr steigt der Pegel in Altenahr bereits auf 1,14 Meter – die Ahr ist hier sonst höchstens 30 Zentimeter tief. Das Landesamt für Umwelt löst die Warnstufe Rot aus, doch das ist erst der Anfang: Um 17.17 Uhr werden 2,78 Meter erreicht. Im Landesamt löst man daraufhin die Warnstufe Lila aus, die höchste Alarmstufe überhaupt. Doch die Warnung verhallt praktisch ungehört – sie löst keinen breiten Alarm aus, sie geht nicht an die Medien, sie zieht praktisch keine Konsequenzen nach sich.

Im Landesamt für Umwelt hat an diesem Nachmittag Thomas Bettmann Dienst, er ist der Leiter der Abteilung für

Hydrologie und somit zuständig für Hochwasser-Warnungen. Bettmann ist allein im Büro, seine Mitarbeiter sitzen im Homeoffice, Corona ist noch ein großes Thema. Bettmann ist ein Experte, der rheinland-pfälzische Hochwasserdienst gilt in Fachkreisen eigentlich als sehr gut aufgestellt. Wann war hier also klar, dass der Ahr Böses drohte – mit nie gesehenen Wasserständen?

„Um 17.17 Uhr wurde die Warnung auf Lila hochgesetzt", berichtet Bettmann dem Untersuchungsausschuss in Mainz: „Da war eindeutig klar, dass es zu einer Katastrophe kommt." Doch was tun die Herren vom Hochwasserdienst daraufhin? Sie tun – praktisch nichts. Bereits um 15.26 Uhr hatten die Systeme im Landesamt einen Wasserstand von über fünf Metern für das Ahrtal vorhergesagt, 5,19 Meter sind ein zuvor nie gekannter Wert. „Das ist ein Wasserstand, der Handlungen nach sich ziehen sollte", sagt Bettmann vorsichtig.

Im Landesamt für Umwelt verschickt man daraufhin E-Mails: „Mit Kreisverwaltungen, die das gewünscht haben, haben wir eine Vereinbarung getroffen, ab welchem Wasserstand sie gewarnt werden möchten", erklärt Bettmann. Das sei am Pegel Müsch zum Beispiel ab einem Stand von 1,80 Metern der Fall, in Altenahr und Bad Bodendorf ab 1,90 Metern. „Wenn dieser Wasserstand in den nächsten fünf Stunden erreicht wird, geht eine Informationsmail an die Kreisverwaltung raus", erklärte Bettmann: „Wir haben dort Experten sitzen, die diese Meldungen dann auch interpretieren können."

Experten in der Kreisverwaltung? In Ahrweiler erklären die Mitarbeiter des Krisenstabs mehrfach, die Pegelstände hätten ihnen nicht wirklich etwas gesagt, auch in der Leitstelle in Koblenz, in der Dienstaufsichtsbehörde ADD in Trier oder im Mainzer Innenministerium können sie mit den Pegelhöhen wenig anfangen. Die Ahr ist weit weg, er kenne sich da nicht aus, gibt ein leitender Mitarbeiter der Meldezentrale in Koblenz später zu Protokoll. Dass fünf Meter in einem engen Tal Land unter für Häuser bis zur Dachkante bedeutet – das erklärt den Diensthabenden niemand.

Bei einigen allerdings löst die Warnung ungläubiges Staunen aus: Die Dienstaufsicht ADD, die für den Katastrophenschutz zuständige Mittelbehörde, fragt immerhin nach, ob denn die prognostizierten Wasserstände realistisch seien – allerdings nicht beim Landesamt für Umwelt (LfU), sondern in der Struktur- und Genehmigungsdirektion (SGD) Süd. Die SGD Süd fragt im LfU nach, dort bestätigt man die Prognose.

Doch alles, was das LfU an die Kommunen verschickt, sind die Pegelhöhen – Warnungen oder gar Handlungsanweisungen sind damit nicht verbunden. Ob die exorbitanten Höhen und ihre Konsequenz vor Ort auch verstanden werden – das prüft das Hochwassermeldezentrum nicht nach. Einzig die Altenahrer Bürgermeisterin Cornelia Weigand greift angesichts der Fünf-Meter-Prognose erschrocken zum Telefon. Es wird eine einsame Nacht für Bürgermeisterin Weigand werden.

Um kurz vor halb sieben kommt es zudem zu einem folgenschweren Fehler bei den Hochwasserprognosen im LfU: Die Pegelprognose wird plötzlich auf vier Meter abgesenkt. An der Ahr atmen viele jetzt auf, auch im Krisenstab in Ahrweiler: Es wird wohl doch nicht so schlimm. Doch die vier Meter sind ein Fehler im Vorhersagesystem: Das Niederschlagsgebiet habe zu dem Zeitpunkt nicht mehr direkt über dem Ahrtal gelegen, erklärt Bettmann im Untersuchungsausschuss, die hohen Niederschläge seien „nicht mehr da gewesen."

Was sie im Landesamt aber nicht wissen: Zu dem Zeitpunkt ist der Pegel Müsch längst ausgefallen und liefert keine Daten mehr. Dazu rauscht von Nordosten ein weiteres Regenband mit erheblichen Niederschlägen auf das Ahrtal zu, doch das bekommen sie hier alles nicht mit. Die Herren rechnen und verlassen sich auf ihre Vorhersagemodelle, die mit Daten der Wetterdienste gefüttert werden – alles streng automatisiert.

„Alle drei Stunden bekommen wir die Vorhersagedaten vom Deutschen Wetterdienst, achtmal am Tag", erklärt Bettmann. Dann werde ein neuer Rechenlauf mit neuer Prognose gestartet, das dauere neun Minuten – „dann haben wir unsere Vorhersage, und die geht direkt ins Internet." Die Prognosen würden zudem noch von zwei Personen auf Plausibilität überprüft. „Der Hydrologe vom Dienst entscheidet dann, ob eine Vorhersage gemacht wird", sagt Bettmann.

Auf Kommunikation ist man hier nicht eingestellt: Bürgermeisterin Weigand erreicht für ihre Nachfrage zunächst niemanden – trotz Warnstufe Lila läuft in der Pressestelle ein Anrufbeantworter. Immerhin: Bettmann ruft zurück, telefoniert insgesamt viermal mit der Bürgermeisterin – doch ansonsten telefoniert der Hydrologe wenig. Die Dienstaufsicht ADD müsste die Katastrophe eigentlich managen, doch als Bettmann die Behörde mit dringenden Nachrichten erreichen will, schreibt er eine E-Mail – auf die er erst einmal eine automatisierte Abwesenheitsnotiz zurückbekommt. Ein direkter Draht ins Krisenzentrum? Fehlanzeige.

Wichtige Informationen gibt Bettmann an die Chefin des Landesamtes, Sabine Riewenherm, weiter, die schreibt um 18.45 Uhr am Abend einem Mitarbeiter: „Hier bahnt sich eine Katastrophe an." Riewenherm informiert Staatssekretär Manz, im Laufe des Abends wird sie ihn mehrfach anrufen oder anschreiben. Man ist „alarmiert" – Handlungen zieht das dennoch nicht nach sich. Die Medien informieren? Niemand kommt offenbar auf die Idee, dabei hat auch das LfU eine Pressestelle, die Mitteilungen herausgeben könnte.

Aber da ist das Umweltministerium davor – die behördlichen Informationswege müssen strikt eingehalten werden. Der Hydrologe spricht mit seiner Vorgesetzten, die mit dem Staatssekretär – das war's. Mit der Ministerin spricht niemand, mit Bürgermeistern vor Ort auch nicht – und mit den Medien schon gar nicht.

Dabei treffen im Laufe des Abends immer neue Horror-Pegel-Prognosen ein: 5,30 Meter um kurz vor 20.00 Uhr. Um halb zehn liegt die Prognose schon bei 6,81 Metern, eine Stunde später sind es sieben Meter. Da hat die Flutwelle im Ahrtal noch nicht einmal Bad Neuenahr-Ahrweiler erreicht – in den kommenden Stunden werden allein am Unterlauf der Ahr 87 Menschen sterben. Dass die Flutwelle im Ahrtal in dieser Nacht auf bis zu zehn Meter hoch steigen wird – davon wissen sie im Landesamt für Umwelt nichts.

Die Medien: Enten, Hängematten und Camper am Ufer

Regen fällt in dieser Nacht nicht nur in Rheinland-Pfalz: Auch im benachbarten Belgien und Luxemburg werden Flüsse zu reißenden Strömen. In Nordrhein-Westfalen werden Wuppertal und Bad Münstereifel, Hagen und Gemünd von tosenden Wassermassen verwüstet. 49 Menschen sterben auch hier. An der Wupper steht ein Reporter des privaten Lokalsenders Radio Wuppertal und berichtet live von den steigenden Wassermassen, vermutlich rettet der Mann vielen Anwohnern das Leben – einfach, weil er berichtet.

Der Chefredakteur des Senders, Georg Rose, hatte um 20.35 Uhr eine SMS aus dem Rathaus bekommen: Die Wupper könne in Kürze über die Ufer treten – für Wuppertal ist das eine wahnwitzige Vorstellung. Die Wupper trete „nie, nie, niemals über die Ufer“, erklärt Rose später dem Redaktionsnetzwerk Deutschland. Dafür sorgten schließlich die Talsperren.

Das Team von Radio Wuppertal geht wieder auf Sendung, man hatte den Betrieb bereits an den überregionalen Nachtdienst abgegeben. Reporter schwärmen aus, recherchieren, befragen Interviewpartner. Die Moderatoren verlesen viermal pro Stunde die aktuellen Warnmeldungen der Behörden – man ist offizieller Warnpartner der Stadt. Bis 5.00 Uhr morgens sendet der kleine Sender Warnungen und Infos, dann wird ihm selbst aus Sicherheitsgründen von der Stadt der Strom abgedreht.

In Rheinland-Pfalz gibt es nichts dergleichen: Keine Warnung über den Rundfunk, keine Warnung im Fernsehen. Zuständig wäre hier vor allem der Südwestrundfunk (SWR) mit seinem Landesstudio Rheinland-Pfalz in Mainz und den Regionalstudios Trier und Koblenz.

Die Landesschau Aktuell aus Rheinland-Pfalz berichtet noch um 19.30 Uhr von Campern, die am Rhein gemütlich ihre Füße in die winzigen Wellen des gegen die Ufer schwappenden Stroms halten. Den Enten geht es gut, nur die Hängematten sind nicht mehr zu erreichen. SWR3, die aktuelle Radiowelle, berichtet die ganze Nacht lang über steigende Pegel – in Baden-Württemberg.

Der SWR: keine Katastrophe – keine Warnung

Wetterwarnungen habe man schon am 13. Juli und natürlich auch am 14. Juli im Programm gehabt, rechtfertigt sich Joachim Görgen, Leiter der Trimedialen Nachrichten im SWR-Funkhaus in Mainz, Mitte März 2022 vor dem Untersuchungsausschuss. Aber auch er betont: „Der Fokus richtete sich auf die großen Flüsse.“ Das Fernsehen habe Reporter hinausgeschickt, Hochwasser ist in Rheinland-Pfalz immer ein wichtiges Thema.

„Ein Reporter war am Nachmittag an der Nette, da sah es noch nicht so schlimm aus", berichtet Görgen weiter: „Den haben wir gebeten, an die Ahr zu fahren, nach Antweiler." Tatsächlich berichtet der Reporter in den Landesnachrichten um 19.30 Uhr von tosenden Wassermassen: „Keller sind vollgelaufen, Straßen wurden überspült." Polizei und Feuerwehren seien im Dauereinsatz, berichtet der Reporter zu Bildern von einer randvollen Ahr, die schon an der Brücke kratzt. „Der Pegel der Ahr steigt von Sekunde zu Sekunde, wie man hinter mir sehen kann", berichtet der Mann: „Und der Regen hört und hört nicht auf."

Doch dann ein harter Schnitt, eine Kollegin zeigt im selben Beitrag den idyllischen Rhein, der bei Trechtingshausen gemächlich und noch weitgehend in seinem Bett fließt. „Es ist matschig, es ist nass, und das Wasser rückt den Campern immer mehr auf die Pelle", heißt es jetzt – von Krise keine Spur. Dann versucht die Sendung noch eine Liveschaltung zu einem zweiten Kollegen, der in Adenau an der Ahr steht. Das sei „nicht gut gelaufen", räumt Görgen Monate später vor dem Ausschuss ein: „Es gab technische Probleme, wir konnten den Kollegen nicht live schalten."

Auch in einer späteren Sendung klappt die Schalte nicht, jetzt spricht der Reporter aber immerhin schon von „Häusern, die wirklich absaufen" – eine Konsequenz hat das aber auch jetzt nicht: Katastrophenwarnung? Fehlanzeige. Es sei „sicher richtig", dass mit der entsprechenden „Dramatik der Bilder" viele Menschen den Ernst der Lage besser verstanden hätten, windet sich Görgen vor dem Ausschuss: „Diese Hypothese teile ich." Doch genau diese Bilder hat der SWR nicht, also bleibt der Eindruck der niedlichen Enten und der Camper mit den Füßen im Wasser hängen.

Meteorologe Karsten Schwanke warnt immerhin im Wetterbericht vor „weiterer großer Überschwemmungsgefahr“ in der Eifel, gibt aber auch gleich wieder Entwarnung: „Die sechs Stunden zwischen zwei Uhr und acht Uhr morgens - weitestgehend trocken“, verspricht er. Es klingt wie: Dann wird ja doch alles gut.

Vor dem Untersuchungsausschuss wird Schwanke später zu Protokoll geben, er habe am Nachmittag in der Redaktion angerufen und ein Extra-Gespräch zur Wetterlage angeboten - der Redakteur habe abgelehnt. „An den Anruf kann sich niemand erinnern“, wehrt Görgen ab. Tatsache ist aber wohl: Die Dringlichkeit ist dem Redakteur nicht bewusst, er verweist auf den Wetterbericht am Ende der Sendung - das reiche aus.

Die FAZ wird im Nachgang fragen: „Warum hat der SWR versagt?“ Die stellvertretende Direktorin des Landessenders in Mainz, Carla Sappok, antwortet der Zeitung: „Man kann keine Informationen senden, die man nicht hat.“ Wie wahr.

Keine Informationen für die Presse

Tatsächlich erreicht die Medien, und eben auch den SWR, in dieser Nacht schlicht keine einzige amtliche Information, geschweige denn eine Warnmeldung, in Sachen Ahrtal. Solche Warnmeldungen von Polizei und Feuerwehren seien „wichtige Quellen“, erklärt Görgen dem Ausschuss: „Wenn uns behördlicherweise solche Meldungen vorliegen, greifen wir die selbstverständlich auch auf.“

Das Vorgehen ist Standard in der deutschen Medienlandschaft, und tatsächlich nutzt ein Landkreis diese Möglichkeit auch eifrig: Der Landkreis Vulkaneifel löst um

21.03 Uhr Katastrophenalarm aus, die Meldung sei schon zwei Minuten später beim SWR online gegangen, berichtet Görgen. Um 21.18 Uhr geht sie als Push-Meldung in der SWR-Nachrichtenapp raus, um halb acht und um Viertel vor zehn wird sie in den Nachrichten vermeldet.

Von der Ahr aber erfahren die Medien seitens Polizei und Feuerwehren: nichts. Dabei setzt die Kreisverwaltung Ahrweiler in der Nacht immerhin zwei Pressemitteilungen ab: Um 20.46 Uhr veröffentlicht der Landkreis auf Facebook eine Pressemitteilung nach dem Besuch von Innenminister Lewentz, hier ist auch bereits von der Lage auf dem Campingplatz Dorsel und von Menschen in Gefahr die Rede.

Um 23.15 Uhr verschickt die Kreisverwaltung eine aktualisierte Pressemitteilung, hier ist jetzt auch von der Ausrufung des Katastrophenfalls und von Evakuierungen entlang der Ahr die Rede – und von zerstörten Häusern an der oberen Ahr. Der Text geht per E-Mail an einen Presseverteiler und wird danach auch auf Twitter und Facebook herausgegeben – ob und wen die dramatische Nachricht erreicht und an welche Redaktionen sie geht: unklar. Einen Pressebericht löst sie jedenfalls nicht aus. Die Polizeistationen an der Ahr setzen keine Meldungen ab, die Feuerwehren sind längst Land unter mit Rettungseinsätzen. Im Polizeipräsidium Koblenz räumt man im Nachhinein ein: Die erste schriftliche Pressemitteilung zur Flut im Ahrtal stellt das Präsidium am 15. Juli 2021 ein – morgens gegen 08.30 Uhr. Hat man in der Nacht mündlich Pressevertreter informiert? Man könne das nicht mehr nachvollziehen, heißt es auf Anfrage im Präsidium.

Dass Informationen über Medien Menschenleben retten können – niemand kommt in der Flutnacht auf die Idee. Das Innenministerium in Mainz fühlt sich nicht zuständig – Katastrophenschutz ist Sache der Kommunen, in diesem Fall also des Kreises Ahrweiler. Dort müsste man den Katastrophenalarm auslösen, doch in Ahrweiler sitzen sie im Keller und arbeiten im Blindflug durch die Nacht – während sie im Polizeipräsidium Koblenz auf ein Fax warten, das nie kommt.

Und so starren Medien wie Politiker aus Mainz am Morgen des 15. Juli 2021 völlig überrascht auf ein komplett verwüstetes Tal. Als die Flut langsam zurückgeht, enthüllt sie Orte, in denen kein Stein mehr auf dem anderen steht. Meterhoch liegt Schutt in den Straßen, ein Gemisch aus Autos, Holz, Bäumen, Gastanks und vielem mehr. Weinfässer thronen oben auf diesen Wänden. Autos stapeln sich in Vorgärten, aus Motorhauben wachsen Bäume.

Von den mehr als 60 Brücken im Tal stehen nur noch eine oder zwei. Straßen, Bahnlinien, Strom, Wasserversorgung – nichts steht und geht mehr. Es ist die totale Apokalypse. Todesstille hat sich über das Ahrtal gelegt, nichts regt sich mehr. Kaum etwas kann sich noch regen. Und über allem liegt ein süßlicher Verwesungsgestank. Aus den Trümmern wagen sich langsam Überlebende, zutiefst verstört und traumatisiert. Auf die Frage, ob sie denn nicht gewarnt worden seien, lautet die einhellige Antwort: Nein – gewarnt wurden wir nicht.

Kapitel 2: Die Warnungen der Meteorologen

„Ich habe unruhig geschlafen auf der anderen Seite des Atlantiks", berichtet Wetterexperte Jörg Kachelmann: „Ja, wir wussten: Das würde historisch sein." Es war Kachelmanns Wetterdienst, der bereits am 13. Juli vor einer Flut im Ahrtal warnte, vor dem Untersuchungsausschuss des Landtags wird Kachelmann deutlich: „Am 10. Juli konnte man noch ruhig schlafen, am 11. war der Moment des Aufwachens – und am späten Vormittag des 14. Juli hat das zu einer 100-prozentigen Sicherheit geführt: Um 11.00 Uhr war völlig klar, dass etwas passieren würde, was seit Beginn der Messungen nicht passiert ist."

Es ist eine der Kernfragen bei der Aufarbeitung der Katastrophe: Waren die Fluten im Ahrtal vorhersehbar – und wäre genug Zeit im Vorfeld gewesen, um die Menschen im Tal zu warnen, zu evakuieren, zu retten? Der Meteorologe Jörg Kachelmann beantwortet das mit einem klaren „Ja" – und er ist nicht der einzige. „Es war genug Zeit, das Richtige zu tun", sagt Kachelmann: „Niemand hätte sterben müssen."

Zehn Experten hat der Untersuchungsausschuss an einem Freitag im Januar 2022 zu seiner ersten großen Sachverständigen-Befragung eingeladen, darunter Hydrologie-Experten, Meteorologen und Spezialisten für die Vorhersage von Sturzfluten. Der Auftritt Kachelmanns ist fraglos der Höhepunkt, doch im Grunde sagt auch er nur das, was alle sagen: Im Laufe des 14. Juli habe es sich „zur Gewissheit verdichtet", dass dem Ahrtal ein extremes Starkregenereignis mit Pegelhöchstständen bevorstand – so formuliert es Meteorologe Bernhard Mühr von der EWB Wetterberatung in Karlsruhe. „Allerspätestens um 16.00 Uhr", sagt Mühr, „war es nicht mehr wegzudiskutieren."

Die Aussagen sind von höchster Brisanz, hatte doch das Mainzer Umweltministerium am 14. Juli noch um 16.42 Uhr in seiner Pressemitteilung verbreitet, es drohe „kein Extremhochwasser." Wieso wusste man im Mainzer Umweltministerium nichts von den Warnungen der Wetterdienste? Wieso verhallten sie im Landesamt für Umwelt ungehört? Denn Warnungen gab es – zuhauf.

Sven Plöger ist der andere bekannte Wettermann, den der U-Ausschuss an diesem Tag im Januar 2022 hört. Plöger war selbst an jenem 14. Juli nicht im Dienst, doch auch der bekannte ARD-Wetterexperte sagt klar und deutlich: Dass da eine Regenfront ungeahnten Ausmaßes auf Rheinland-Pfalz zurollte, das sei „von Sekunde eins an klar" gewesen. Schon am 12. Juli habe er selbst „im Fernsehen gesagt, ‚Achtung, an den Flüssen, es kann wirklich sehr gefährlich werden'", betont Plöger, „irgendwo habe ich sogar gesagt: ‚Gehen Sie weg von den Flüssen!'"

Die SPD-Vertreter im Untersuchungsausschuss werden später eine Mitteilung herausgeben, nach der sich die „Meteorologen einig" seien: Es sei wohl „extrem schwierig bis unmöglich", Extremwetter „mit einem ausreichenden zeitlichen Vorlauf auf ein konkretes Gebiet einzugrenzen." Die Experten betonen hingegen einhellig: Es war völlig klar, dass es die Eifel treffen würde. Und zur Region Eifel gehört auch das Ahrtal.

EFAS und die Warnung vor der Sturzflut

Klar ist die Lage bereits Tage vor der Katastrophe für eine Expertin im fernen Großbritannien: Hannah Cloke ist britische Hydrologie-Professorin und Mitbegründerin von EFAS, dem europäischen Hochwasser-Warnsystem. Es ist der 10. Juli 2021, als EFAS eine erste Warnmeldung für Deutschland verschickt. EFAS steht für „European Flood Awareness System" und wurde 2002 als Vorwarnsystem speziell für Sturzfluten gegründet, erklärt Cloke im Januar 2022 den Parlamentariern im Untersuchungsausschuss. Rheinland-Pfalz ist eigenen Angaben zufolge seit 2004 Kooperationspartner, seit 17 Jahren also.

25 Warn-Einzelmeldungen für den Bereich Rhein, Mosel und Nahe habe EFAS ab dem 10. Juli 2021 verschickt, berichtet Cloke – die Wissenschaftlerin zeigt sich völlig schockiert über die Folgen der Flut im Ahrtal: „Die Überschwemmung entsprach im Ausmaß genau den Vorhersagen", sagt Cloke: „Ich war sehr überrascht, dass so viele Menschen ums Leben gekommen waren. Haben die Menschen denn nicht gewusst, dass sie in Gefahr waren?" Schließlich sei auf den Karten „die ganze Region dunkelrot markiert gewesen."

Tatsächlich sei EFAS ein sehr präziser Sturzflutindikator, erklärt Hydrologie-Experte Jörg Dietrich, Privatdozent an der Leibniz-Universität Hannover, dem Ausschuss. Schon die erste Vorhersage am 10. Juli habe für die Ahr und ihre Nebengewässer ein hohes Risiko ausgewiesen, bestätigt er: „Niederschläge und Abflüsse waren in der Größenordnung vorhersehbar." Am 13. Juli 2021 sei das Risiko dann auf „sehr hoch" gestiegen – das war ein Tag vor der Katastrophe. Bei den Wetterdiensten und im Mainzer Landesamt für Umwelt hingegen spielten die EFAS-Prognosen keine Rolle.

Das Problem von EFAS: Es sendet erst einmal nur technische Vorwarnungen, „Notifications" genannt, erklärt Cloke. Die Behörden würden damit aufgefordert, sich weitere Informationen zu besorgen. Und diese Informationen müsse man aktiv bei EFAS abrufen, erklärt Dietrich. Dort gebe es dann ein weiteres Vorhersage-Instrument für Sturzfluten an kleineren Flüssen: ERIC.

Und ERIC habe bereits am 13. Juli speziell für die Ahr eine Sturzflut-Wahrscheinlichkeit von 74 Prozent errechnet, berichtet Dietrich: „Ein unglaublich hoher Wert im EFAS-System." Die Ahr sei in dem Vorhersagesystem sogar „Fokusregion" gewesen, berichtet Dietrich weiter: „Ab dem 13.7. um Mitternacht war eine Rekordflut sehr wahrscheinlich." Man habe davon ausgehen können, dass die „Städte Bad Neuenahr-Ahrweiler und Sinzig überschwemmt werden würden."

Doch beim Landesamt für Umwelt in Mainz wissen sie davon nichts. Erst gegen 11.00 Uhr am Vormittag des 14. Juli werden die Hochwasserwarnungen hochgestuft, auf die Stufe 4, „Rot". Die höchste Warnstufe 5 wird erst um 17.17 Uhr ausgelöst – da stand das obere Ahrtal bereits meterhoch unter Wasser. „Es ist unklar, warum die Warnung erst am 14.7. revidiert wurde", findet Experte Dietrich, und folgert für die Arbeit des Landesamtes: „Der Faktenlage nach sind dort keine signifikanten Wasserstände berechnet worden."

„Der Verdacht liegt nahe: Man hatte ERIC gar nicht auf dem Schirm", sagt deshalb der CDU-Abgeordnete Gordon Schnieder, erster Obmann seiner Partei im Untersuchungsausschuss – es stehe die Frage im Raum, ob EFAS von den Mitarbeitern im Landesamt überhaupt verstanden wurde.

Tatsächlich weiß man im Landesamt für Umwelt (LfU) nur von fünf Warnmeldungen – und von ERIC-Sturzflutwarnungen für die Ahr gar nichts. EFAS-Meldungen seien „Teil des internen Vorhersagemanagements in der Hochwasservorhersagezentrale", heißt es beim Mainzer Umweltministerium lediglich – träfen Warnmeldungen ein, würden „die Berechnungsintervalle der eigenen Systeme erhöht." EFAS-Informationen fließen hier nicht ein, die Pegelberechnungen beruhen auf den rund 75 eigenen Landespegeln. Eine direkte Übernahme von EFAS-Meldungen in die Hochwasservorhersagen und Frühwarnungen des LfU „wäre weder möglich noch zielführend“, heißt es weiter – dazu ist EFAS aber auch gar nicht da.

„Wenn Sie im Tal bleiben, sterben Sie“

Aktive Warnungen in Richtung Bevölkerung oder Medien sind von Seiten des LfU ohnehin nicht vorgesehen – man könne ja die Pegelstände im Internet einsehen, heißt es lediglich. Es ist typisch für Deutschland: Erklärungen an die Menschen, dafür fühlt sich niemand zuständig. Dabei warnen die Wetterdienste in den Tagen vor dem 14. Juli längst vor unglaublichen Regenmengen von um die 200 Liter pro Quadratmeter – nur: Was das bedeutet, erklärt der Bevölkerung leider niemand. Lediglich Landwirte haben eine Vorstellung, was da auf die Böden und Flüsse zukommt – in ihren Foren kursieren bereits Tage vorher alarmierende Hinweise.

Im Landesamt für Umwelt aber hätten sie die Wassermengen einschätzen können – und müssen: Die vom Landesamt für Umwelt selbst prognostizierten Pegelstände hätten „ab 14.22 Uhr gereicht, um von einem Hochwasser größer als 2016 auszugehen“, schreibt der Bonner Geografie-Professor und Hochwasser-Experte Thomas Roggenkamp im Herbst 2022 in einem Gutachten für die Staatsanwaltschaft Koblenz. 2016 war der Pegel der Ahr auf 3,70 Meter gestiegen, schon das hatte als verheerendes Hochwasser gegolten.

„Selbst wenn sich die tatsächlich gefallene Niederschlagsmenge nur im unteren Bereich des vom Deutschen Wetterdienst prognostizierten Spektrums bewegt hätte, wäre dennoch ein Hochwasser der Größenordnung des 02.06.2016 zu erwarten gewesen“, schlussfolgert die Staatsanwaltschaft aus Roggenkamps Gutachten. Spätestens ab 20.22 Uhr habe sogar „ein nochmals deutlich größeres Hochwasser als 2016 angenommen werden müssen“, konstatiert sie weiter.

20.22 Uhr – das ist drei Stunden, bevor die Flutwelle die untere Ahr bei Bad Neuenahr erreicht. Die Flutwelle habe den Unterlauf der Ahr erst spät erreicht, heißt es in Roggenkamps Gutachten: „Und zwar in Bad Neuenahr zwischen 23.00 Uhr und 23.30 Uhr, und in Sinzig ab 02.00 Uhr.“ Mit rechtzeitigen Warnungen, sagt Hydrologe Dietrich, hätten Leben gerettet werden können, es habe eine Reaktionszeit von mehreren Stunden gegeben: „Der Zeitverzug am 14.7. war lebensrelevant.“

Am 14. Juli um 13.45 Uhr gibt „Kachelmannwetter“ eine Warnung vor „extremer Überflutungsgefahr“ für die Ahr heraus, die Warnung geht an Gemeinden wie Adenau, Ahrbrück, Altenahr, Schuld und andere. Spätestens ab 11.00 Uhr am 14. Juli hätten die Behörden zur Evakuierung des Talbodens aufrufen müssen, sagt Wetterdienst-Chef Jörg Kachelmann: „Sie wussten da schon, wie voll es an der Ahr war.“

Am Nachmittag des 14. Juli sei dann noch ein neues Regenband aus dem Münsterland in Richtung Ahrtal gezogen. „Da kam eine weitere Breitseite“, betont Kachelmann, „real existierender Regen, dessen Mengen Sie ablesen können.“ Doch über Dienste wie Katwarn seien dann Meldungen verbreitet worden wie „behalten Sie das Abflussgeschehen im Auge“, kritisiert Kachelmann. „Da müsste stehen: Wenn Sie im Tal bleiben, sterben Sie.“

Aber so ist der Katastrophenschutz in Deutschland nun mal nicht aufgestellt.

Kapitel 3: „Warnen können wir nicht"

„Nachts um 23.00 Uhr haben wir ein Getöse gehört und festgestellt, dass das Wasser schon einen Meter hoch bei uns vor der Tür steht, und haben gedacht: Oh, was ist das denn?" Michael Lang steht mitten in den Trümmern von Ahrweiler, als er von seinen Erlebnissen in der Flutnacht erzählt. Lang ist Geschäftsführer des Weinladens „Ahrwein-Depot" in Ahrweiler, Ende Juli 2021 wollte er zudem seine Ahr-Vinothek in Marienthal eröffnen, ein wunderschön renoviertes Haus, direkt am Fluss.

Am Nachmittag des 14. Juli 2021 wird Michael Lang äußerst unruhig. Das Wasser der Ahr neben seinem Haus in Marienthal steigt unaufhörlich. Lang dokumentiert es in kleinen Videos, die er auf seinen Social-Media-Kanälen postet. „Das Wasser steigt minütlich", sagt er besorgt: „Wir können uns darauf einstellen, dass wir hier komplett untergehen werden." Da ist es 18.00 Uhr, und Lang steht noch direkt am Ufer der Ahr, doch die Sorge ist ihm ins Gesicht geschrieben: „Ich kann nur hoffen, dass das hier nicht katastrophal enden wird", sagt der Gastwirt und Weinexperte.

Erst neun Monate zuvor hat er das alte Haus bei Marienthal an der Ahr gekauft, in zwei Wochen sollte die Eröffnung seiner „Ahr-Vinothek" sein – stattdessen kommt die Flut, und Langs liebevoll renovierte Gaststätte ist ein Trümmerhaufen. Vorgewarnt worden sei er nicht. „Ja, Starkregen war angesagt – aber was ist Starkregen?", sagt Lang: „Was soll man sich für ein Bild machen von dem Ausdruck ‚Starkregen'? Man hat noch nicht einmal mit Jahrhunderthochwasser gerechnet, und Jahrhunderthochwasser bedeutet eine Wasserhöhe von drei Metern. Wir hatten jetzt sieben Meter hier in Ahrweiler."

Es ist zwischen 23.00 Uhr und 23.30 Uhr, als die Flutwelle das untere Ahrtal erreicht, viele Menschen sind bereits zu Bett gegangen. In Bad Neuenahr und Ahrweiler sind die meisten ahnungslos. Seit Stunden tobt die Ahr jetzt bereits das rund 40 Kilometer lange Tal hinab – aber vor der gigantischen Flutwelle ist am Unterlauf der Ahr niemand gewarnt.

Es war doch nur Regen ...

In der Nacht vom 14. auf den 15. Juli 2021 hat auch Andy Neumann das erste Mal in seinem Leben Todesangst. Neumann ist Kriminalbeamter, und eigentlich Katastrophen-gestählt: Im Bundeskriminalamt in Meckenheim bei Bonn leitet er eine Abteilung, die für Terrorbekämpfung zuständig ist. Doch in jener Nacht des 14. Juli muss er hilflos mit ansehen, wie die braunen Fluten der Ahr sein Haus in Ahrweiler erobern. Eigentlich steht das Haus mehrere hundert Meter von der Ahr entfernt, doch in dieser Nacht bahnt sich das Wasser unerbittlich seinen Weg durch Türen und Fenster. Zentimeter für Zentimeter steigt die Flut vom Erdgeschoss in die Höhe – nur vier Stufen vor dem ersten Stock macht die Brühe halt.

Gegen 20.15 Uhr sei noch die Feuerwehr am Haus vorbeigefahren, habe vor einer „sehr hohen Hochwassergefahr" gewarnt, vor Überflutungen, Stromausfall und Verkehrsbehinderungen – so beschreibt Neumann es später in seinem Buch *Es war doch nur Regen!?* Man solle sich „möglichst nicht in Kellern, Tiefgaragen und tieferliegendem Gelände" aufhalten, das Wetter und das Abflusssystem im Auge behalten sowie auf die eigene Sicherheit achten, schildert Neumann die Warnung, die ihn, seine Frau und die zwei kleinen Kinder erreicht.

„Was ich *nicht* heraushören kann", schreibt Neumann, „ist: ‚Sie *befinden* sich in einer Gefahrenzone, es ist *hier* mit

Überflutungen zu rechnen, die *nicht* nur Keller oder Tiefgaragen betreffen werden. *Bringen Sie sich sofort in Sicherheit!'* Aber wer weiß, vielleicht liegt das an mir."

Allein im Bereich Bad Neuenahr werden in dieser Nacht rund 70 Menschen sterben. Sie ertrinken in ihren Betten im Erdgeschoss, oder weil sie noch schnell in den Keller eilen, um die Fahrräder zu retten. Menschen werden auf der Straße von den Fluten weggerissen, als sie ihr Auto wegfahren wollen. Selbst die Feuerwehr kommt gegen die Wucht der Massen nicht mehr an. Das Telefonnetz bricht zusammen. Die Handynetze funktionieren zwar noch viele Stunden in die Nacht hinein – doch Rettung können die Helfer nicht schicken.

In den Stunden der Katastrophe und beim Aufräumen danach seien die Menschen schlicht auf sich gestellt gewesen, sagt Neumann: „Es gibt keine Anweisungen, keine Kommunikation, keine Anlaufstelle, nur ‚Hilf Dir selbst.'" Was er erlebt in jener Nacht und in den Tagen und Wochen danach, dafür hat er nur eine Beschreibung: „Für mich", sagt Neumann Monate später im Gespräch, „ist das hier Staatsversagen."

In Dernau, Bad Neuenahr, Ahrweiler, überall berichten sie das Gleiche: Eine echte, konkrete Warnung vor dem, was kommen könnte – Fehlanzeige. Mal springen Warnapps wie Katwarn, Nina und Co gar nicht an. Mal warnen sie vor Starkregen und Unwetter. „Man sollte Wetter-Apps verbieten", sagt Gastwirt Michael Lang aus Ahrweiler noch, so oft poppten Warnungen vor Unwettern oder Gewittern auf, denen vor Ort dann nichts folge. „Die melden 70 Prozent Regen, und bei uns hier scheint die Sonne", sagt Lang. „Wenn dann da so eine Meldung kommt, fragt man sich: Soll ich dem jetzt Glauben schenken?"

Hilflose Retter, fehlende Ausrüstung, stumme Sirenen

„Warnen können wir nicht", sagt der Oberbrandmeister der Mainzer Feuerwehr, Michael Ehresmann. Es ist Tag sechs nach der Flutkatastrophe, als sich Ehresmann Luft machen muss. Auf seinem Facebook-Account postet der Feuerwehrmann „ein paar Gedanken" zu dem, was er selbst im Einsatz im Katastrophengebiet erlebte – in seinem Fall ist das Trier-Ehrang. Es gerät zu einer Abrechnung mit dem Katastrophenschutz in Rheinland-Pfalz, ja in Deutschland.

Schonungslos listet Ehresmann in seinem öffentlichen Post die Probleme der Feuerwehren im Land auf, es wird eine sehr lange Liste: Keine geeigneten Fahrzeuge für den Katastropheneinsatz, keine Fahrzeuge für Wassereinsatz oder auch nur für Gestrüpp. Ein nicht funktionierender Digitalfunk, umständliche Meldeketten, veraltete Einsatzkonzepte. Keine Erfahrung im Umgang mit Großschadenslagen – und überhaupt kein Konzept zum organisierten Einsatz freiwilliger Helfer, wie sie nach der Flut zu Tausenden an die Ahr strömen werden.

Die Konsequenz: In der Flutnacht im Ahrtal sind die Helfer nahezu machtlos. Die Straßen überflutet, die Fluten zu stark – geländegängige oder gar wassertaugliche Fahrzeuge: Fehlanzeige. Viele Feuerwehren wurden über Jahrzehnte hinweg zusammengespart, denn bezahlen müssten das die Kommunen – und den Kommunen in Rheinland-Pfalz geht es finanziell schlecht. Von den zehn am höchsten verschuldeten Kommunen der Bundesrepublik liegen sieben in Rheinland-Pfalz.

Nicht einmal Sirenen gibt es mehr, sie wurden – wie überall in Deutschland – seit dem Kalten Krieg abgebaut. Auf dem Land in Rheinland-Pfalz rufen die Sirenen, die noch da sind, die freiwilligen Feuerwehrleute zum Dienst – zur Warnung der Bevölkerung sind sie nicht vorgesehen. Im Kreis Ahrweiler bestätigt der zuständige Landrat Jürgen Pföhler nach der Flut: In seinem Kreis könne die Bevölkerung gar nicht über Sirenen gewarnt werden – es fehle die digitale Alarmierungstechnik dafür. Der Aufbau sei Aufgabe des Landes und sei bisher nicht erfolgt.

Michael Ehresmann ist am 14. und 15. Juli selbst 30 Stunden lang beim Kriseneinsatz im stark überfluteten Trierer Stadtteil Ehrang im Einsatz, der damals 32-Jährige leitet den Mainzer Teil der Landesfacheinheit PuMa, zuständig für Presse- und Öffentlichkeitsarbeit bei Großschadenslagen. 4048 Einsatzkräfte wurden von dem Stab, in dem Ehresmann mitarbeitete, geführt, 22 000 betroffene Menschen rund um die Flüsse Kyll und Sauer betreut.

„Es war unfassbar professionell, nach wenigen Stunden waren alle Strukturen geschaffen, das hat hervorragend funktioniert“, berichtet Ehresmann im Rückblick. Die örtlichen Einsatzkräfte hätten „Übermenschliches geleistet, es hat jeder persönlich alles getan, was er konnte“, betont Ehresmann: „Unser Problem sind die Strukturen.“

Der Feuerwehrmann meint damit nicht nur fehlende Unimogs oder Amphibienfahrzeuge, die Probleme gehen viel tiefer: Für solche großen „dynamischen Flächenlagen“ gebe es weder Ressourcen noch Reserven. „Wir haben im ‚Alltag‘ schon Schwierigkeiten, weil Leitstellen ausfallen, Strukturen durch ‚normale‘ Großeinsätze an ihre Grenzen kommen, die IT schon kaum geht“, kritisiert Ehresmann. Die Einsatzkonzepte für Großschadenslagen stammten noch aus Zeiten, in denen „noch jeder im Ort in der freiwilligen Feuerwehr war“, erklärt er – diese Zeiten sind aber vorbei. Der Krisenstab in Ahrweiler war mindestens zur Hälfte mit Personen besetzt, die diesen Job noch nie gemacht hatten – es wurde ein Fiasko.

Und dann ist da noch das heikle Thema „Warnung der Bevölkerung“: „Mit den Warnungen auf lokaler Ebene haben wir große Schwierigkeiten, weil es kein einheitliches System gibt“, sagt Ehresmann. Deutschland leiste sich seit Jahren ein Warnsystem, dessen Komponenten untereinander nicht vernetzt sind, und das mal hier, mal da greift – aber niemals überall. Warnungen über Katastrophen-Apps erfolgten inflationär, kritisiert der Feuerwehrmann, gleichzeitig erreichten sie viele Menschen gar nicht. Und bis so eine Warnung wirklich rausgehe an Katwarn, NINA oder über Sirenen – das könne dauern. Genau das passiert in der Nacht des 14. Juli 2021 im Ahrtal.

Warnapps, die nicht warnen

Das bundesdeutsche Warnsystem baute bis Ende 2022 im Bereich kleinerer Katastrophen vor allem auf zwei Warnapps für Smartphones auf: Katwarn und NINA. Katwarn war die erste Warnapp in Deutschland überhaupt, entwickelt vom Fraunhofer-Institut für offene Kommunikationssysteme (FOKUS), 2017 nutzten diese App gerade einmal rund 2,5 Millionen Nutzer auf ihren Smartphones.

Seit Juni 2015 gibt es parallel dazu die Warnapp NINA, entwickelt im Auftrag des Bundesamtes für Bevölkerungsschutz und Katastrophenhilfe (BBK). Sie wird nach derzeitigem Stand von rund 13 Millionen Menschen genutzt. Damit erreichen beide Warnapps zusammen rund 15 Millionen Menschen – bei einer Bevölkerung von 84 Millionen Menschen.

Schlimmer noch: Die Apps warnen noch nicht einmal in jeder Gemeinde. Die Kommunen können für sich entscheiden, welches System sie nutzen – und viele entscheiden sich aus Kostengründen für NINA. Denn während bei Katwarn Nutzungsgebühren anfallen, ist NINA für die Kommunen lizenzkostenfrei. Nur: Kaum ein Nutzer weiß, ob sein Landkreis nun über Katwarn oder NINA warnt. Wer aber nur Katwarn installiert hat, bleibt bei einer Warnung von NINA womöglich außen vor – und umgekehrt. So wie am Abend des 14. Juli 2021 im Ahrtal.

NINA löste in der Flutnacht im Kreis Ahrweiler gar keine Warnung aus, über das System Katwarn wurde schließlich eine Evakuierungs-Warnmeldung verbreitet: Es solle ein 50 Meter breiter Streifen rechts und links der Ahr geräumt werden. Das war um 23.09 Uhr – und große Teile des Ahrtals waren längst kilometerweit geflutet. Die meisten werden die Warnung überhaupt nicht mehr gesehen haben.

„Wenn gewarnt wird, dann muss das eine echte Warnung sein", fordert Oberbrandmeister Ehresmann, eine Warnung auf der höchsten Unwetterwarnstufe müsse auch ankommen, „das darf nicht übersehen werden können." In Deutschland werde hingegen „vor jedem Regenschauer" gewarnt, die Warnungen seien nicht konkret genug, schimpft der Experte.

„Es tritt zutage, was von vielen Seiten bereits vermutet wurde: Das flächendeckende Warnsystem der Bevölkerung in Deutschland ist nicht mehr ausreichend", sagt der Bundesvorsitzende der Deutschen Feuerwehrgewerkschaft, Siegfried Maier, kurz nach der Flutkatastrophe im Sommer 2021. „Habe ich keine dieser Warn-Apps, erhalte ich auch keine Warnung", sagt Maier – das sei „ein Skandal".

Denn ein System wie „Cell Broadcast" gibt es in Deutschland zum Zeitpunkt der Flutkatastrophe nicht. Bei „Cell Broadcast" wird eine Warnmeldung unmittelbar und direkt auf jedes Handy geschickt, das sich in der betreffenden Funkzelle befindet, eine eigene App braucht es dafür nicht – nicht einmal ein Smartphone. Die USA, europäische Nachbarländer, viele Staaten nutzen das System seit Jahren erfolgreich, nur in Deutschland wurde seine Einführung immer wieder abgelehnt: Brauche man nicht, kenne man nicht – und der Datenschutz!

Nach der Flutkatastrophe heißt es plötzlich im September 2021, man wolle Cell Broadcast jetzt schnell umsetzen. Doch die Einführung verzögert sich erneut, erst im Dezember 2022 wird das Bundesamt für Bevölkerungsschutz und Katastrophenhilfe (BBK) das erste Mal Cell Broadcast im Rahmen eines bundesweiten Warntages erproben. Das Ergebnis ist niederschmetternd: Die Nachricht kommt nur auf der Hälfte der Smartphones an. Eine Erklärung bleibt das BBK bis heute schuldig.

Warum NINA in der Flutnacht nicht warnte

Dabei hätte NINA in der Flutnacht wenigstens einmal anschlagen müssen, denn eigentlich sind die beiden Warnapps miteinander vernetzt: NINA hätte dieselben Meldungen wie Katwarn ausspielen sollen. Doch das geschieht nicht – und niemand merkt es.

„Die Meldungen wurden technisch nicht übertragen", räumt Daniel Faust, Gesamtprojektleiter für die Warnapp Katwarn, vor dem Untersuchungsausschuss des Mainzer Landtags ein. Schuld sei am 14. Juli ein technischer Fehler gewesen, Auslöser eine Änderung, die das Team für die App „Hessenwarn" des Landes Hessen umsetzen sollte – dabei sei der technische Fehler entstanden.

Hessen hat eine eigene Warnapp entwickeln lassen, es ist die wohl umfangreichste ihrer Art in Deutschland: Hier laufen neben Hochwasser- und Katastrophenwarnungen auch Schulausfälle, Produktrückrufe oder Wildwarnmeldungen auf. Die App basiert auf der ersten Warnapp Katwarn, die 2009 vom Fraunhofer Institut in Kaiserslautern auf Bitten der Versicherungswirtschaft hin entwickelt wurde und seit 2011 zur Verfügung steht.

Hessen habe nun den Wunsch gehabt, dass man in der „Hessenwarn"-App die Hochwasser-Warnungen als Nutzer von Hand ausschalten könne, berichtete Faust – genau dabei sei der technische Fehler zur Schnittstelle NINA entstanden. Aufgefallen sei das aber nicht, „weil wir keine Möglichkeit haben, diese Dinge zu testen", sagt Faust, und betont auf erstaunte Nachfrage des Ausschussvorsitzenden Martin Haller (SPD) explizit: „Wir haben bisher keinerlei Optionen, wenn wir Veränderungen vornehmen, zu überprüfen, ob das auch funktioniert."

Erst bei einem Echtzeittest am 8. Dezember 2021 sei aufgefallen, dass die Weitergabe der Warnmeldungen von Katwarn an NINA nicht funktioniere, berichtet der Experte weiter: „Da konnten wir dann den Fehler, der in Ahrweiler bestand, korrigieren." Die Ursache liege im Bundesamt für Katastrophenschutz, klagt Faust: Dort gebe es bis heute keine sogenannte „Staging-Umgebung" für NINA, also kein System, mit dem man die Funktionsfähigkeit auf einer zweiten Ebene überprüfen könne.

Eine Staging-Umgebung sei eine Art identisches Zweit-System als Spiegel des Originals, in dem man testen könne, ob alle Abläufe funktionierten, erklärt Faust den Abgeordneten weiter – eigentlich sei das ein Grundprinzip in der IT. Bei Katwarn etwa fänden regelmäßige Testmeldungen statt, „die wir in das System hineingeben, um zu schauen, ob alles funktioniert", berichtet Faust weiter. Bei Nina aber existiere diese Möglichkeit bis heute nicht, angemahnt habe man das gegenüber dem BBK von Beginn an, also bereits seit Jahren.

Beim BBK bestreitet man die Vorgänge vehement: Für die Warn-App NINA existiere „seit Jahren eine funktionierende Testumgebung“, betont man im BBK, auch sei auf Anfragen und Anforderungen „jederzeit pünktlich reagiert“ worden. Doch auch hier räumen sie ein: Erst im Dezember 2021 wurden die nötigen technischen Voraussetzungen geschaffen, um das Ausspielen von Warnmeldungen aus dem Landesamt für Umwelt an Katwarn und NINA zu testen. Bei dem Test treten Fehler auf - zunächst bei Katwarn, dann bei NINA. Die Warnmeldungen gehen nicht raus.

Die Katwarn-Experten bekommen bei ihrer Darstellung Schützenhilfe von der Versicherungswirtschaft: Man habe das Thema Testläufe von Anfang an mit dem BBK zu besprechen versucht, bestätigt auch Arno Vetter, zuständiger Abteilungsleiter für Katwarn bei der Sparkassenversicherung Kommunal, vor dem Untersuchungsausschuss. Aber „die Gespräche mit dem BBK waren oftmals sehr zäh und wenig zielführend“, sagt Vetter.

Man habe sogar mit zwei Bundes-Innenministern über dieses Thema gesprochen, betont Vetter, mit Thomas de Maizière (CDU) und dessen Nachfolger Horst Seehofer (CSU). Beide hätten „Unterstützung zugesagt“ – passiert sei indes nichts: „Das hat das BBK nicht von seiner Philosophie abgehalten“, berichtet Vetter.

Die Aussagen wiegen schwer, denn vor einem Untersuchungsausschuss werden die Zeugen verpflichtet, die Wahrheit zu sagen – verstoßen sie dagegen, hat das Konsequenzen: Ermittlungen wegen uneidlicher Falschaussage, Gerichtsprozesse, sogar Gefängnisstrafen können folgen.

Unter dieser Pflicht zur Wahrheit berichtet Vetter Brisantes: Der damalige BBK-Präsident und heutige CDU-Innenminister von Sachsen, Armin Schuster, habe vielmehr nach der Katastrophe im Ahrtal von den Katwarn-Verantwortlichen gefordert, nicht zu verbreiten, dass die Warnmeldungen zwar über Katwarn herausgingen, nicht aber über NINA. „NINA hat ja nicht funktioniert, und das war nicht in seinem Sinne, dass wir sagten: Unsere Warnungen sind alle rausgegangen", berichtet Vetter vor dem U-Ausschuss: „Man stand als BBK nicht ganz so gut da." Das Ansinnen Schusters habe er indes abgelehnt.

Im Untersuchungsausschuss sind sie alarmiert: Damit würden Fehler im aktuellen System also „erst bemerkt, wenn es im Ernstfall nicht funktioniert", will Ausschussvorsitzender Martin Haller daraufhin wissen. Faust bejaht: „Ich kann bei Hochwasser-Meldungen auch jetzt nicht garantieren, dass sie funktionieren."

Desaster beim Warntag 2020

Es war im September 2020, als das Bundesamt für Bevölkerungsschutz und Katastrophenhilfe zeigen wollte, wie gut man beim Katastrophenschutz aufgestellt sei und einen bundesweiten Warntag ausrief – es wurde ein Desaster: Sirenen heulten mit rund 20 Minuten Verspätung los, die Katastrophen-Warnapps blieben zum Großteil gänzlich stumm oder meldeten den Probealarm mit 31 Minuten Verspätung. Das BBK musste einräumen: Die Meldung des Modularen Warnsystems MoWaS habe „nur verspätet zugestellt werden können." Der Grund: „Eine nicht vorgesehene zeitgleiche Auslösung einer Vielzahl von Warnmeldungen über MoWaS."

Im Klartext: Im Warnnetz war zu viel los. Denn parallel zum Bund lösten auch zahlreiche Leitstellen in den Ländern das Warnsignal aus. Das aber überforderte das System komplett – nichts ging mehr raus. „Durch nicht verabredungsgemäße zahlreiche Einzelauslösungen wurde das System überlastet, was zu einer verzögerten Auslieferung führte", teilte die Mainzer Landesregierung am Abend auf Twitter mit. Das sei „eine wichtige Erkenntnis, die beim weiteren Ausbau des Modularen Warnsystems berücksichtigt wird."

Eine massenhafte Ausspielung von Warnungen war also gar nicht vorgesehen, und MoWaS, das zentrale Warnsystem des Bundes, hat noch mehr Hürden: Viele Wehrleiter vor Ort verstehen offenbar weder das System noch die Abläufe, wie die Ahrflut zeigen sollte. Bereits im September 2020 zeigten sich die Schwachstellen des Systems deutlich, doch Abhilfe wurde offenbar selbst nach diesem Desaster nur zögerlich geschaffen: So ein Warntag sei ja „dafür da, Fehler festzustellen" und sie abzustellen, habe BBK-Präsident Schuster selbst gesagt, so Versicherungsfachmann Vetter: „Das ist im BBK sicher auch versucht worden ..." Versucht, aber nicht umgesetzt.

„Wenigstens sind wir jetzt alle gewarnt, dass im Warnfall weder Sirenen noch Warnapps noch sonst etwas in dieser Art funktioniert", kommentierte ein User am Warntag im September 2020 auf Twitter. „Im Ernstfall", merkte eine andere Nutzerin des Twitter-Netzwerkes an, „wäre ich jetzt wohl tot." Fast genau zwei Jahre später sterben in der Flutwelle des Ahrtals 136 Menschen – die meisten ungewarnt.

Kapitel 4: Die Einsamkeit der Bürgermeisterin in der Flutnacht

Cornelia Weigand ist eine eher nüchterne Frau, die nicht viele Worte macht, doch wenn sie spricht, ist sie hochgradig präzise. Weigand ist eine Schlüsselfigur, wenn es um die Flutkatastrophe im Ahrtal in der Nacht vom 14. auf den 15. Juli 2021 geht, und ihre Aussagen haben eine Sprengkraft, die später den damaligen Landrat des Kreises Ahrweiler, Jürgen Pföhler (CDU), aus dem Amt katapultieren wird.

Im Juli 2021 ist Cornelia Weigand Bürgermeisterin der Verbandsgemeinde Altenahr, 2022 wird die parteilose Biologin ausgerechnet Pföhler im Amt des Landrats beerben. Doch 2021 ist sie noch eine weitgehend unbekannte Bürgermeisterin in einer idyllischen Ahrtal-Gemeinde: Altenahr liegt im engen mittleren Teil des Ahrtals, das kleine Flüsschen hat hier atemberaubend tiefe Schluchten und malerische Schleifen gegraben – ein Paradies für Urlauber, ausgestattet mit einer hohen Hoteldichte. „Das Ahrgebirge von seiner schönsten Seite“, so wirbt die Verbandsgemeinde bis heute auf ihrer Homepage.

Am Nachmittag des 14. Juli 2021 ist Weigand bereits im Krisenmodus: Starkregen und Hochwasser sind vorhergesagt. Die Bürgermeisterin organisiert Sandsäcke, der Alarmplan Hochwasser wird abgearbeitet. 3,70 Meter oder sogar 4,50 Meter lautet die Prognose, „das war schon ordentlich für uns“, berichtet Weigand. Um kurz vor halb vier am Nachmittag steht der Pegel bei Altenahr noch bei 1,60 Metern. „Das war noch nichts Dramatisches“, sagt Weigand: „Die Ahr ist an dem Nachmittag relativ langsam gestiegen.“

Bei 1,60 Metern tritt die Ahr allmählich über das Ufer. „Denkt an die Fahrzeuge, das Wasser kommt“, sagt Weigand noch zu ihren Mitarbeitern in der Verwaltung – der Parkplatz liegt direkt an der Ahr. Um kurz nach 15.00 Uhr fährt Weigand zur Feuerwehreinsatzzentrale auf die andere Ahrseite, dort erreicht sie gegen 15.30 Uhr eine neue Prognose, die alles ändert: „5,50 Meter", berichtet Weigand – das wäre noch einmal deutlich höher als das Jahrhunderthochwasser von 2016. Die Bürgermeisterin kann es nicht fassen.

„Die Prognose war ganz pixelig, da musste man sich fragen: Ist das richtig? Passt das, passt das nicht? Muss man dem Glauben schenken?" So beschreibt Weigand dem Untersuchungsausschuss in Mainz Monate später ihre Gedankenabfolge. „Wir haben uns angeguckt", berichtet die Bürgermeisterin weiter, ihr stellvertretender Wehrleiter starrt mit ihr auf den Bildschirm. „Eine der ganz klaren Erinnerungen, die ich habe, ist, dass ich meinen stellvertretenden Wehrleiter gefragt habe: Was kann ich für Sie tun?", sagt sie: „Da war die ganz klare Antwort: Lassen Sie uns den Katastrophenalarm ausrufen."

„Lassen Sie uns Katastrophenalarm ausrufen"

Weigand fährt zurück in ihr Büro, um 16.18 Uhr greift sie zum Telefonhörer. Den Katastrophenalarm ausrufen, das kann nur der Landrat des Kreises Ahrweiler, so ist es im Katastrophenschutzgesetz von Rheinland-Pfalz geregelt. Doch statt Jürgen Pföhler bekommt Weigand nur dessen engsten Mitarbeiter ans Telefon. „Die Pegelprognose ist auf 5,50 Meter hochgesprungen, das kann man zwar kaum glauben, aber wir müssen mindestens mit einem Hochwasser wie 2016 rechnen", erklärt sie dem Mann. „Lassen Sie uns bitte den Katastrophenalarm ausrufen", sagt Weigand eindringlich, „da kommt was."

Doch der Mann vertröstet sie: Er müsse sich erst einmal erkundigen. 20 Minuten später ruft er zurück, doch nicht etwa mit der Information, dass man in der Kreisverwaltung nun zügig handelt. Man brauche noch mehr Informationen, müsse noch einiges verifizieren, sagt der Mitarbeiter. Den Katastrophenalarm könne man jetzt nicht ausrufen. „Da wusste ich, dass da erst einmal nichts geschieht", sagt Weigand.

Der Biologin lassen die 5,50 Meter keine Ruhe. „Ich habe dann versucht herauszubekommen, wie ich das verifizieren kann", berichtet sie – „vernünftige Telefonnummern" für Rückfragen habe sie indes nicht gehabt. Beim Deutschen Wetterdienst ruft sie an, mit wenig Erfolg. Dann sucht sie eine Telefonnummer beim Landesamt für Umwelt – die einzige, die sie im Internet finden kann, ist die Nummer der Pressestelle. Dort läuft nur ein Anrufbeantworter, Weigand bittet um Rückruf.

Gegen 17.20 Uhr kann sie endlich mit einem Verantwortlichen im Landesamt für Umwelt sprechen, dort bestätigt man ihr: Ja, die 5,50 Meter sind die aktuelle Prognose. Sie gibt die Information an ihren Wehrleiter weiter – und arbeitet sich durch die Telefonliste in ihrem Handy. Weigand ruft Bürgermeister in den Nachbargemeinden an, in Dernau, in Sinzig, warnt, es könne ein schreckliches Hochwasser kommen.

Gegen 19.00 Uhr kommt ein neuer Anruf aus dem Landesamt: „Frau Weigand, ich kann sie bis zu einem gewissen Maß beruhigen", sagt Abteilungsleiter Thomas Bettmann: „Der Hauptniederschlag geht nicht an der Ahr runter, ich kann ein Stück Entwarnung geben – die Pegelprognose liegt jetzt bei vier Metern." So hat es Cornelia Weigand seit der Flutnacht mehrfach geschildert, so schildert sie es nun auch vor dem Untersuchungsausschuss.

Im Landesamt für Umwelt wähnt man an jenem Spätnachmittag, der Hauptniederschlag gehe gar nicht über dem

Ahrtal herunter, der Pegel werde doch nicht so hoch steigen – die Prognose wird auf vier Meter gesenkt. Die Experten verlassen sich auf ihr System, das automatisierte Hochwasservorhersagen generiert. Dass zu diesem Zeitpunkt schon ein wichtiger Pegel in Müsch ausgefallen ist, wissen sie im Mainzer Amt nicht. Ihr System rechnet – und es rechnet falsch.

Doch bei Cornelia Weigand stoßen die Bürokraten aus Mainz auf Skepsis: Als Bettmann ihr gegen 18.30 Uhr versichert, die Prognose liege jetzt nur noch bei vier Metern, verweist die Bürgermeisterin auf den Pegel vor ihrer Haustür. „Ich saß im Büro am Rechner, wir hatten da noch Strom, und ich konnte online die Messwerte des Altenahrer Pegels einsehen", berichtet sie. Die Pegelkurve steigt steil an, steht bereits bei vier Metern. „Da habe ich gesagt: Gucken Sie auf diese Kurve", berichtet Weigand, „schon rein physikalisch müssen wir weit über vier Meter hinausschießen." Für sie sei klar gewesen: Die Entwarnung kann nicht stimmen.

Doch die fatale Fehlprognose wird noch mehr als eine Stunde lang im System stehenbleiben. Sie gilt auch noch, als Innenminister Lewentz um 19.20 Uhr in der Kreisverwaltung Ahrweiler eintrifft. Die Vier-Meter-Prognose führt hier angeblich dazu, dass man sich etwas entspannt. Lewentz verlässt die Kreisverwaltung um 19.30 Uhr – um 19.35 Uhr korrigiert das LfU seine Pegelprognose erneut: Fünf Meter lautete die Prognose nun wieder. Da steht der Pegel in Altenahr bereits bei 4,29 Metern – Tendenz weiter steigend.

„Das einzige, was noch helfen kann, ist beten"

Im Keller des Altenahrer Rathauses macht sich nun der Rossbach breit, ein Nebenfluss der Ahr, und auch der Hauptfluss beginnt jetzt rasant zu steigen. „Die Ahr muss in einer Stunde über zwei Meter gestiegen sein, das ist eine extreme

Geschwindigkeit", berichtet Weigand. Erst laufen die Keller voll, dann die Räume, die eigentlich als Krisenzentrum dienen sollen. Irgendwann gegen 20.00 Uhr fällt der Strom aus, das Rathaus und die Feuerwache müssen geräumt werden.

„Die Geschwindigkeit und die Dramatik ist, wenn man das nicht miterlebt hat, außerhalb der eigenen Fantasie", sagt Weigand, und fügt trocken hinzu: „Es sei denn, man mag Hollywood-Schinken." Bis zu zehn Meter hoch wird sich der kleine Fluss in dieser Nacht in Altenahr auftürmen, er wird Häuser wegreißen und Brücken, Öltanks, Autos, einfach alles.

„Es gab dann kein Festnetztelefon mehr, nur noch Mobilfunk", berichtet die Bürgermeisterin weiter. „Der Mobilfunk ging an dem Abend noch eine ganze Weile, aber er war instabil." Fotos kommen nicht mehr durch, auch nicht die von ihrem eigenen Haus – ihr Mann will ihr Bilder von den Fluten am eigenen Heim schicken, aber sie bleiben stecken. „Das war vielleicht gut so, sonst wäre ich vielleicht abgelenkter gewesen", sagt Weigand. „Das waren keine schönen Bilder."

Irgendwann nach 21.00 Uhr, als die Pegelprognose auf sieben Meter sprang, habe sie den Pfarrer angerufen, erzählt Weigand: „Ich bin Atheistin", bekennt sie, aber da habe sie gesagt: „Das einzige, was vielleicht noch helfen kann, ist beten." Die Bürgermeisterin, der Pfarrer, die Feuerwehrleute, sie alle belassen es nicht dabei. Die Kirche von Altenahr wird für die evakuierten Menschen geöffnet, sie liegt oberhalb am Hang, sicher vor den Fluten.

Weigand telefoniert unterdessen weiter. Vier Mal hat sie in der Nacht Kontakt mit dem Landesamt für Umwelt, gegen 22.00 Uhr berichtet sie Bettmann, die Ahr sei jetzt bei etwa sechs Metern angekommen, es schwämmen Autos vorbei. Im Landesamt ist man jetzt doch alarmiert, der Katastrophenalarm wird aber immer noch nicht ausgerufen – Landrat

Pföhler ist nicht erreichbar. Weigands flehende Anrufe laufen weiter ins Leere.

„Diese Information habe ich dann auch meiner Präsidentin mitgeteilt", sagt Bettmann vor dem Untersuchungsausschuss. LfU-Präsidentin Sabine Riewenherm habe ihn dann gebeten, die Informationen der Dienstaufsicht ADD mitzuteilen. Bettmann schreibt eine E-Mail an den Krisenstab, es kommt eine automatische Antwort mit einer Telefonnummer zurück. „Dort habe ich angerufen und die Informationen mündlich vorgetragen", berichtet Bettmann weiter: „Man dankte für die Information und sagte, die lokalen Einsatzkräfte seien vor Ort, man wisse um die Situation."

Präsidentin Riewenherm sei von ihm „kontinuierlich über den Sachstand" und die Entwicklung der Hochwasserlage informiert worden, betont Bettmann – die Chefin will „die Kommunikation ins Ministerium" selbst übernehmen. Über Weigands Anruf mit den dramatischen Schilderungen informiert Bettmann aber auch Umwelt-Staatssekretär Erwin Manz – der ruft auch tatsächlich fünf Minuten später zurück.

Manz fragt nach den Pegeln, die Männer rätseln, ob ein Rückhaltebecken übergelaufen sein könnte – absurd angesichts der sich bereits real abspielenden Katastrophe. Weitere fünf Minuten später kontaktiert Manz das Lagezentrum im Innenministerium: Dort habe man ihm signalisiert, man wisse Bescheid, alle Kräfte seien im Einsatz, so berichtet es Manz später vor dem U-Ausschuss. Mit seiner Ministerin Anne Spiegel hatte Manz indes bis zu diesem Zeitpunkt den ganzen Abend über offenbar noch keinen Kontakt. Jetzt versucht er sie zu erreichen – sein Anruf um 22.24 Uhr allerdings geht ins Leere. Die Ministerin antwortet nicht.

„Wir sitzen auf dem Dach, und das Dach gibt nach“

In Altenahr spitzt sich die Lage nun dramatisch zu. Mehrere große Hotels liegen direkt an der Ahr, 350 bis 400 Betten stark. „Die waren alle ausgebucht, die Leute waren ja wild auf Urlaub“, berichtet Weigand. Die Feuerwehr evakuiert unter Hochdruck, „die Menschen sind mehrheitlich aus den Hotels rausgekommen“, sagt Weigand.

Ein Feuerwehrauto wird selbst von den Fluten eingeschlossen, „es guckte nur noch das Dach mit dem Blaulicht raus“, beobachtet die Bürgermeisterin aus der Ferne. Zwei Menschen retten sich auf dieses Dach, sie müssen die ganze Nacht dort ausharren. Zwei Feuerwehrmänner können sich in den Bahnhof von Altenahr flüchten. „Am nächsten Morgen stand der Bahnhof noch, da wussten wir: Die beiden haben überlebt“, schildert Weigand die Lage.

In der Verbandsgemeinde Altenahr sterben in jener Nacht 34 Menschen, dazu 5 Besucher von außerhalb. Erst am nächsten Morgen werden Weigand und ihre Mitbürger erkennen, wie sehr die Ahr in ihrem Ort gewütet hat: Baumstämme ragen aus Hotels, ganze Häuser sind weggerissen worden, andere hängen halb in der Luft. Von der Burg aus sehen Weigand und ihr Wehrleiter ein komplett überflutetes Tal und Bahngleise, die in der Luft hängen, wo eigentlich eine Brücke sein sollte.

In der Nacht haben sich apokalyptische Szenen abgespielt. „Ich habe teilweise selbst Anrufe bekommen von verzweifelten Menschen, die auf Dächern und in Bäumen saßen“, sagt Weigand: „Es war klar, dass viele, viele Menschen in einer absoluten Notsituation waren.“ Doch statt Hilfe bekommt die Bürgermeisterin die Information, dass die Rettungshubschrauber keine Starterlaubnis haben. „Dann als Bürgermeisterin diese Information zu bekommen: Es gibt keine Hubschrauber – das war eine spezielle Situation“, sagt sie.

Mehrfach versucht sie, Landrat Pföhler zu erreichen, erst um 23.42 Uhr gelingt es. Pföhler sei „erregt“ gewesen, habe ihr geschildert, dass er sein eigenes Haus habe räumen müssen, berichtet Weigand – die Bürgermeisterin will das nicht hören. „Ich habe ihn dann irgendwann unterbrochen und ihm geschildert, wie die Lage in der Verbandsgemeinde ist“, sagt sie trocken: „Ich bin davon ausgegangen, dass er das wissen will.“

Dass Pföhler das überhaupt nicht interessiert, ist verbrieft. „Wenn ich höre, dass dieser Mann noch Zeit hatte, seinen Porsche aus der Garage zu fahren, mit seinem Hund spazieren zu gehen und abends in einer Nobelherberge essen zu gehen, dann frage ich mich: was hat der Mann gemacht“, schimpft Mitte Mai 2022 der Bürgermeister von Schuld, Helmut Lussi, bei seiner Vernehmung vor dem Untersuchungsausschuss. Das Wegfahren des Porsches ist verbrieft, das Essen in der Nobelherberge indes nicht – doch das Gerücht ist bis heute nicht auszuräumen.

Das Gespräch Weigands mit Pföhler ist kaum zu Ende, da erreicht sie ein anderer Anruf: „Um zwei Minuten vor Mitternacht hat mich noch der Ortsbürgermeister von Mayschoß erreicht“, berichtet sie. „Frau Weigand, Sie sind meine letzte Hoffnung“, fleht der Mann. Seine Schwiegermutter sei schlecht zu Fuß, sie seien nun über das Dach auf die Scheune geflohen, säßen auf dem Dach – „und das Dach gibt nach.“

„Die Verbindung war sehr schlecht, wir haben uns da gegenseitig angebrüllt“, schildert Weigand die Situation,

„die Ahr toste überall drum herum." Das einzige, was sie dem Mann habe sagen können, war: „Es fliegen keine Hubschrauber, halten Sie durch", berichtet Weigand: „Er hat überlebt, das Dach hat gehalten."

Kapitel 5: Krisenstab im Keller: Blind in Ahrweiler

Gegen 15.10 Uhr am 14. Juli 2021 löst der Kreis Ahrweiler die Einsatz-Alarmierung für die „Technische Einsatzleitung" aus. Die TEL, wie sie in Kurzform heißt, ist das, was man landläufig einen Krisenstab nennt: In der Kreisverwaltung tritt ein Stab aus Feuerwehrleuten, THW, Polizei und Vertretern der Kreisverwaltung zusammen, auch Kreisbrandmeister Michael Zimmermann ist dabei. Die TEL soll eigentlich eingehende Meldungen sichten, sich einen Überblick über die Lage verschaffen und Hilfsmaßnahmen koordinieren. Von hier aus hätte Katastrophenalarm ausgelöst werden müssen, rechtzeitig und großflächig.

Doch die TEL bleibt in der Flutnacht seltsam passiv. Zwar wird an den Tischen eifrig telefoniert und gearbeitet, es werden Rettungskräfte organisiert – aber das Entscheidende passiert lange nicht: Die höchste Stufe 5 der Alarmmeldungen, der sogenannte „Katastrophenalarm", wird erst um 22.10 Uhr ausgelöst – und geht erst um 23.09 Uhr via Katwarn raus.

Als der Innenminister von Rheinland-Pfalz die Einsatzzentrale um 19.20 Uhr besucht, habe er einen „konzentriert arbeitenden Krisenstab vorgefunden", so berichtet es Roger Lewentz später. Mitarbeiter eben dieser Einsatzzentrale zeichnen vor dem Untersuchungsausschuss ein anderes Bild: In der TEL sei es „drunter und drüber gegangen", so berichtet es unter anderem Kai Bandt dem Untersuchungsausschuss des Landtags. Es gibt kaum Kommunikation nach außen, gegen Mitternacht fallen die Handynetze aus, danach auch der Strom. „Man wusste gar nicht mehr, was los war, was passiert, wo die Flutwelle ist", berichtet Bandt: „Ich persönlich habe die Lage nicht begriffen."

Bandt gehörte dem TEL-Team von Ahrweiler seit 2013 an, doch für ihn war die Flutnacht erst der zweite Einsatz in so einem Krisenstab – es ist ein Muster, das nicht nur für Ahrweiler typisch ist: In kleinen Kommunen bestehen die Krisenstäbe aus Ehrenamtlichen, die in „normalen" Katastrophenszenarien erfahren sind – Großeinsatzlagen aber werden so gut wie nie geübt.

Ungeübt ins Krisenmanagement

„Die TEL besteht aus ehrenamtlichen Mitarbeitern von Hilfsorganisationen", erklärt der ehemalige Ahrweiler Kreisfeuerwehrinspekteur Udo Schumacher im Sommer 2022 dem Untersuchungsausschuss. Die Abgeordneten erfahren auch: Das potenzielle Team der TEL bestehe zwar aus 120 Personen – doch in der Regel tauchten nach einem Alarm nur einige wenige auf. „Wir haben gewartet, bis Personal kam", berichtet Schumacher, der als einer der ersten vor Ort ist: „Wir mussten ja das Personal einsetzen, das kam."

Wer auf so eine Einsatz-Alarmierung reagiere, sei oft Zufall, berichtet ein anderer Zeuge – und an diesem 14. Juli reagieren nicht viele. „Wir hatten zu wenig Personal", erzählt etwa die junge Funkerin Linda Pfeif. Das Ergebnis: Von einem geübten oder gar eingespielten Team kann in dieser Nacht in Ahrweiler keine Rede sein. Pfeif ist eigentlich bei der Freiwilligen Feuerwehr in Niederzissen, in dem Krisenteam in Ahrweiler hatte sie noch nie gearbeitet.

Frank Jakobs ist seit 35 Jahren ehrenamtlich unter anderem in der Freiwilligen Feuerwehr tätig, in der Flutnacht kommt auch er als Funker im Krisenstab in Ahrweiler zum Einsatz. Als „realer Einsatz" im Ernstfall sei das für ihn das erste Mal gewesen, bekennt auch Jakobs vor dem U-Ausschuss. Er wird in einen Einsatz geworfen, der nicht seinesgleichen hat: Die Informationslage „war chaotisch, über alle Wege chaotisch", berichtet Jakobs, man sei teilweise mit vier Mann nicht mehr hinterhergekommen, die Meldungen aufzuschreiben.

Aufgeschrieben werden eingehende Hilferufe in einem sogenannten Funkerraum, einem winzigen Kabuff im Keller der Kreisverwaltung Ahrweiler. Die Meldungen werden hier zu Papier gebracht und dann in eine Durchreiche gelegt – „irgendwann", so schildern es die Zeugen, habe sich jemand vom Krisenstab auf der anderen Seite ihrer angenommen. Einen Beauftragten dafür gibt es nicht.

„Man hat sich wirklich völlig hilflos gefühlt", berichtet Jakobs: „Ich bin es gewohnt, dass wenn jemand um Hilfe ruft, man ihm Hilfe schickt. In der Nacht habe ich es zum ersten Mal erlebt, dass jemand um Hilfe ruft, und man ihm keine Hilfe schicken kann – das war ein schlimmes Gefühl." Und dabei erkennen sie hier das wahre Ausmaß der Katastrophe überhaupt nicht: Das habe man erst am nächsten Morgen realisiert – oder nach dem Verlassen der Einsatzzentrale, berichten die Zeugen übereinstimmend.

Das liegt auch an der unzureichenden Besetzung des Krisenstabs: Ausgerechnet die wichtige Position „S2", verantwortlich für die Beobachtung und Einordnung der Lage, ist über Stunden nicht voll besetzt. Der zuständige Wehrführer Sascha Cremer verlässt den Krisenstab bereits um 17.00 Uhr wieder – um als Wehrführer in seinem eigenen Heimatort zum Einsatz zu eilen.

Danach war „die Lage" offenbar zumindest zeitweise verwaist: „Für S2 hatten wir keine Zeit", sagt Kreisfeuerwehrinspekteur Udo Schumacher bei seiner Vernehmung durch die Staatsanwaltschaft nach der Flutkatastrophe: „Wir hatten keine Zeit, ‚die Lage' zu besetzen – die Lage hat uns überlaufen." Man habe dann versucht, „‚die Lage' darzustellen, aber irgendwann ging es nicht mehr", berichtet Schumacher auch dem Untersuchungsausschuss.

Und so versucht ein Stab aus zufällig zusammengewürfelten Ehrenamtlern, die nie zuvor gemeinsam gearbeitet und zumeist die Arbeit in einem Krisenstab nie geübt haben, die schlimmste Flutkatastrophe Deutschlands nach dem Zweiten Weltkrieg zu managen. Die TEL habe „mit den Mitteln und Möglichkeiten, die wir hatten, alles daran gesetzt die Hilfe zu leisten, die wir leisten konnten", unterstreicht Schumacher noch, und fügt hinzu: „Das ist einfach keine Situation gewesen, wo eine Einsatzleitung eines kleinen Kreises eine solche Situation in den Griff bekommen kann."

Die Kreisverwaltung habe nahezu „blind" gearbeitet, konstatiert der Katastrophenschutz-Fachmann Albrecht Broemme, Ex-Präsident des THW, nach der Flutkatastrophe. Die TEL habe nicht einmal gemerkt, was über ihren Köpfen und vor ihrer eigenen Haustür geschah.

Funkerkabuff neben der Tiefgarage

Das liegt auch an dem Ort des Geschehens: Der Weg zum Krisenstab in der Kreisverwaltung Ahrweiler führt über eine enge Treppe ganz am Ende des Ganges. „Notausgang" steht auf den Schildern, und: „Tiefgarage". Die Kreisverwaltung Ahrweiler ist ein Betonbau im typischen Stil der 1960er-Jahre. Die Wände sind in jenem Beige-Braun gehalten, das man damals schick fand, den Fußboden bedeckt ein Schlingenteppich, der so aussieht, als stamme er noch von damals.

Zwei Stockwerke geht es vom Büro des Landrats auf der Verwaltungsebene hinunter in die Tiefgarage, dann führt der Weg quer durch ebendiese zu einer massiven Eisentür, dahinter ein winziger Gang. Zwei Personen müssen hier schon auf Tuchfühlung gehen, wollen sie aneinander vorbei. An der Wand hängt eine riesige, ziemlich vergilbte Landkarte des Kreises Ahrweiler, rechterhand geht es in das Funkerkabuff, links in den Hauptraum.

Etwa 16 Quadratmeter ist die Einsatzzentrale groß, Fenster gibt es keine. In dem schnöden Kellerraum mit unverputzten Wänden stehen viele Tische in einem schmalen Hufeisen und weitere entlang der Wände – viel Platz ist hier wahrlich nicht. Trotzdem haben hier in der Flutnacht 17 Einsatzkräfte gearbeitet, so berichten es die Mitarbeiter. Ihnen stehen Laptops und Festnetztelefone zur Verfügung, dazu mehrere Fernsehbildschirme und zwei große, moderne Smartboard-Wände mit Notizen und für die Pegelstände.

Die Technik habe funktioniert, berichten die Mitarbeiter, auch WLAN-Netze habe es gegeben, drei Stück, in die sich die hier Arbeitenden einwählen konnten. „Wo wir Probleme mit hatten, war im Bereich Funk", berichtet Sascha Cremer, stellvertretender Einsatzleiter von Ahrweiler – die dicken Kellerwände, die Abschirmung neben der Tiefgarage: Es ist keine Überraschung. „Handyempfang ist sehr schwierig", sagt Cremer noch. D1-Netz gebe es praktisch gar nicht, D2 ein bisschen. Und ja, es sei üblich gewesen, dass Personen den Raum verließen, um mit dem Handy telefonieren zu können.

Das gilt auch für die Kommunikation mit dem Landrat: Jürgen Pföhler wäre von Amts wegen eigentlich der Leiter dieses Krisenstabs, doch der Landrat lässt sich in der Flutnacht hier nur zweimal blicken, davon einmal gemeinsam mit dem Innenminister. Sein Mitarbeiter muss permanent mit dem Handy in der Hand die zwei Stockwerke in die Tiefgarage eilen, wenn es etwas zwischen Landrat und Krisenstab zu besprechen gibt.

Die Einsatzleitung seines Krisenstabs hat Pföhler an seinen Wehrleiter Michael Zimmermann delegiert. Rechtlich ist das möglich – in der Krise wird es zum Riesenproblem: Nur der Landrat kann die oberste Stufe des Krisenalarms auslösen, doch Pföhler ist über Stunden nicht zu greifen. Wieso übernimmt in dieser Lage niemand das Kommando – der Krisenstab nicht, die Dienstaufsicht ADD nicht, und der Innenminister ebenfalls nicht? Wo steckt der Mann, an dem als oberster Katastrophenschützer des Landkreises ein ganzes System von Warnungen und die Evakuierung der Menschen hängt?

Kapitel 6: Der Landrat und ein roter Porsche

Gegen 22.20 Uhr steht Landrat Jürgen Pföhler auf einmal im Haus seiner Nachbarn in der Brückenstraße in Bad Neuenahr. „Pföhler kam ins Wohnzimmer und sagte, wir müssten evakuieren", so schildert es Sabine H. dem Untersuchungsausschuss im Mainzer Landtag. Auch ihre Mieterin Christine ist da, sie hilft Sabine H.'s Mann gerade dabei, den Großfernseher in Sicherheit zu bringen. Man geht an diesem Abend des 14. Juli 2021 von einem Hochwasser aus – aber nicht von einer Katastrophe. Noch nicht.

Der Landrat habe „sehr besorgt" gewirkt, so berichtet die Mieterin weiter, „es war ihm ein großes Anliegen, uns zu warnen." Das fragliche Haus steht unmittelbar an der Ahr, nur wenige Meter entfernt führt eine Fußgängerbrücke über den Fluss hinüber in den Stadtteil Ahrweiler. Der Fluss steht zu dem Zeitpunkt bereits nahezu auf Höhe der Brückenquerung und droht, die Fußgängerbrücke mit sich zu reißen – was später auch geschehen wird.

Der Auftritt des Landrats im Wohnzimmer habe sie „extremst alarmiert", erzählt die Frau: „Er wollte uns unbedingt überzeugen, dass wir nicht im Haus bleiben." Vielleicht liegt es daran, dass Pföhler selbst nebenan wohnt, vielleicht auch daran, dass der Landrat zu diesem Zeitpunkt selbst in höchster Sorge um sein eigenes Hab und Gut ist. „Wir müssen evakuiert werden", schreibt Pföhler ungefähr um diese Zeit in einer SMS an eine gute Bekannte, und fügt hinzu: „Hoffentlich stürzt das Haus nicht ein."

Der Landrat als Retter in der Not, als besorgter Evakuierer? Es ist ein Bild, das in dieser Flutnacht nur ungefähr fünf Personen zeichnen: Das Ehepaar, in dessen Wohnzimmer Pföhler aufkreuzt und deren Mieterin, eine weitere Nachbarin, die eine enge Freundin von Pföhlers Frau ist, und ein Bauingenieur aus der Nachbarschaft. Dieser Nachbar beobachtet am Flutabend auch, wie Pföhler und seine Ehefrau zwischen 20.00 Uhr und 20.30 Uhr mit ihrem Hund Gassi gehen. Der Landrat hält beim Nachbarn an, fragt Helfer, die gerade den Keller ausräumen, nach dem Hausherrn.

„Was passiert, wenn die Ahr die Brücke, beziehungsweise die Gasleitung, die an der Brücke angehängt ist, beschädigt", erzählt der Nachbar dem Untersuchungsausschuss, diese Sorge habe den Landrat umgetrieben. „Er hat mich gefragt, ob ich wüsste, wen man anrufen könnte, um die Leitung abzuriegeln", berichtet der Mann, beantworten kann er die Frage nicht. Sein Eindruck ist indes nicht, dass sich Pföhler um seine Nachbarn sorgt oder gar um die Gasversorgung in der Stadt. „Es ging dabei um den Schutz seines Hauses", so empfindet es der Nachbar.

Um 20.00 Uhr hat die Flutwelle an der oberen Ahr längst das Tal unter Wasser gesetzt, Campingplätze geflutet und Brücken weggerissen. Sieben Menschen sind bereits in Dorsel gestorben. Gegen 19.00 Uhr wird der Ort Schuld mit voller Wucht von der Flutwelle getroffen, die mindestens sechs Häuser mit sich reißt. Weiß man davon in der Kreisverwaltung Ahrweiler nichts?

Um 14.34 Uhr hat ebendiese Kreisverwaltung eine Hochwasser-Warnmeldung über die Handy-App Katwarn herausgegeben: Es sei örtlich mit Überschwemmungen zu rechnen, die Leute sollen Keller und Tiefgaragen meiden. Viele räumen jetzt ihre Keller aus, schaffen Wertvolles in die oberen Stockwerke – auch die Familie Pföhler.

Der Landrat ist an diesem Mittwoch bis gegen 14.00 Uhr noch nicht an seinem Arbeitsort in der Kreisverwaltung Ahrweiler gesichtet worden – so berichtet es Polizeihauptkommissar Uwe Gebert dem Untersuchungsausschuss. Gebert führte die Ermittlungen des Landeskriminalamtes in Sachen Flutkatastrophe, ermittelt wird bislang ausschließlich gegen Pföhler sowie seinen Katastrophenschutzinspekteur Michael Zimmermann – wegen fahrlässiger Tötung durch Unterlassung.

Wo steckte Landrat Pföhler?

„Für den Zeitraum 9.00 Uhr bis 14.00 Uhr haben wir keine Hinweise oder Aussagen, dass man den Landrat in der Kreisverwaltung gesehen hätte", referiert Gebert vor dem U-Ausschuss aus den Ermittlungen des Landeskriminalamtes. Wo Pföhler steckt, weiß offenbar niemand. Ganze zwei Mal schlägt der Landrat, der qua Amt für den Katastrophenschutz zuständig wäre, an jenem Schicksalstag in der Kreisverwaltung auf: das erste Mal den Ermittlungen zufolge irgendwann zwischen 17.00 Uhr und 18.00 Uhr.

Pföhler habe da die Technische Einsatzleitung besucht und mit deren Leiter, Brand- und Katastrophenschutzinspekteur (BKI) Michael Zimmermann, geredet. Der Landrat wird später bei seiner Vernehmung angeben, er habe die Aufgabe des Katastrophenschutzes dauerhaft an Zimmermann delegiert, an Übungen nahm Pföhler selbst nie teil.

Ab 17.00 Uhr habe der Landrat gewusst, dass ein Hochwasser von mehr als fünf Metern drohe, so berichtet es Gebert dem Ausschuss. In der Kreisverwaltung ist man alarmiert, mehrfach versucht Pföhlers engster Mitarbeiter zwischen 17.00 Uhr und 17.20 Uhr seinen Chef zu erreichen – BKI Zimmermann braucht Entscheidungen. Dazu gibt es die Anrufe von Bürgermeisterin Cornelia Weigand, die auf das Ausrufen des Katastrophenalarms drängt.

Der Katastrophenstab des Landkreises Ahrweiler übernimmt um 17.40 Uhr die Einsatzleitung, um 17.38 Uhr wird

Pföhler wohl darüber informiert. Gegen 18.50 Uhr warnt Pföhler die TEL vor: Gleich kommt der Innenminister zu Besuch. Es wird das vorerst letzte Mal sein, dass der Landrat sich in dieser Nacht im Krisenstab blicken lässt – danach taucht Pföhler über Stunden hinweg ab. Wo er sich aufhält, was genau der Landrat tut: Vieles bleibt ein Rätsel.

Um 19.30 Uhr verlässt Innenminister Lewentz die Einsatzleitung bereits wieder, Pföhler geht mit ihm. Der Landrat sei danach wohl in sein Büro gegangen und habe eine Pressemitteilung samt Foto zum Besuch des Ministers freigegeben, berichtet Gebert. Und danach? „Nach 20.00 Uhr wurde Pföhler in der Kreisverwaltung nicht mehr gesehen", vermerkt der Ermittler.

Pföhler habe zu dem Zeitpunkt gewusst, dass die Hochwassergefahr an der Ahr sehr hoch war, dass bereits mehrere hundert Einsatzkräfte im Einsatz waren, dass Menschenrettung an der oberen Ahr nötig und der Einsatz von Hubschraubern nicht mehr möglich war – „das stand so in der Pressemitteilung", betont Gebert.

Mit seinem Wissen tut Pföhler offenbar vorerst – nichts. Wohl zwischen 20.00 Uhr und 20.30 Uhr trifft der Nachbar Pföhler und seine Frau beim Spaziergang mit dem Hund, gegen 20.40 Uhr begegnet ein weiterer Zeuge dem Landrat auf der Fußgängerbrücke über die Ahr. „Er stand auf der Brücke und hat den Verlauf des Hochwassers angesehen", berichtet der Zeuge dem U-Ausschuss. Pföhler habe „keinen sehr nervösen Eindruck gemacht", und das, obwohl die Ahr bereits sehr hoch steht. „Es kam ein großer Baum angeschwommen, knallte gegen die Brücke, die bewegte sich – wir haben dann gemacht, dass wir nach Hause kamen", so erzählt es der Mann. Gewarnt habe der Landrat die Menschen auf der Brücke nicht.

Ein roter Porsche wird gerettet

Wo genau sich Pföhler in der kommenden Stunde aufhält, ist unklar. Das Ehepaar Pföhler geht offenbar bereits seit längerer Zeit getrennte Wege, es gibt eine Zweitwohnung in der Altstadt von Ahrweiler. Gegen 20.00 Uhr will hier eine Zeugin beobachtet haben, wie ein roter Porsche aus einer der Garagen im Hof gefahren wird. „Es war ungewöhnlich, weil es ein Mittwoch war, es sich aber bei dem Porsche um einen Sonntagswagen handelte", berichtet die Nachbarin: „Ich hab' mich noch gewundert: Warum holt der an so einem regnerischen Mittwochabend den Wagen da raus?"

Ob Pföhler selbst in dem Auto sitzt, sieht sie nicht, aber dass der Landrat selbst am Steuer sitzt, ist für die Seniorin trotzdem sonnenklar: „Ich kenne das Auto, bei uns gibt's nicht so viele Porsches", sagt die Dame auf Nachfragen im Ausschuss: „Der kam aus der Garage Nummer vier, die Pföhler gehört – wer soll's denn sonst sein?"

Gesehen wird Pföhler dann erst wieder zwischen 21.30 Uhr und 21.45 Uhr, erneut von seinem Nachbarn in der Brückenstraße. Pföhler habe vor seinem Anwesen gestanden, berichtet der Nachbar, der Landrat habe ihn gewarnt: Alle Personen im Umkreis von 50 Metern würden evakuiert. Eine offizielle Warnmeldung aber gibt es zu dem Zeitpunkt noch gar nicht, die Aufforderung, die Seitenbereiche der Ahr zu verlassen, wird erst um 22.04 Uhr von der TEL veranlasst – an die Bevölkerung wird sie erst um 23.09 Uhr verschickt.

Wo Pföhler zwischen 20.30 Uhr und 21.30 Uhr war, ist bis heute unklar. Hartnäckig hält sich das Gerücht, der Landrat sei in einem Nobelrestaurant in Ahrweiler gesehen worden. Eine Feier habe es dort an jenem Abend tatsächlich gegeben, berichtet Ermittler Gebert – aber nicht von Pföhler, sondern von dem CDU-Landtagsabgeordneten Horst Gies.

Die Feier findet im noblen Restaurant Sanct Peter statt, doch Pföhler sei gar nicht eingeladen gewesen, betont Gebert. Auch habe kein einziger Zeuge erklärt, er habe den Landrat an dem Abend bei der Feier gesehen. „Wir gehen davon aus: im Restaurant Sanct Peter war er nicht", sagt der Ermittler. Handydaten belegen derweil: Gies ruft Pföhler gegen 20.00 Uhr an.

Gies ist nicht nur ein Parteifreund Pföhlers, sondern auch sein ehrenamtlicher Erster Beigeordneter im Kreis Ahrweiler. Dass Pföhler bei einer solchen größeren Feier seines engen Kollegen nicht auftaucht – eigentlich schwer vorstellbar. Sagte der Landrat den Abend vielleicht ab – oder war er doch kurz vor Ort?

Es gebe da noch eine Zeugenaussage von zwei Polizeibeamten, räumt Gebert ein, „irritierend" nennt er sie. Denn die beiden jungen Beamten berichten von einer Begegnung mit einem Mann am späten Abend in der Altstadt von Ahrweiler, den sie nicht kennen, der aber in feinen Zwirn gekleidet gewesen sei. Die Beamten sprechen ihn an, der Mann reagiert empört: Erstens sei er der Landrat, und zweitens sei er bis 23.00 Uhr in einem Restaurant gewesen, sagt er. „Wir halten diese Geschichte nicht für möglich", betont Gebert – Pföhler sei an dem Abend zu oft in kurzen Abständen gesehen worden.

Tatsache ist: Ab etwa 22.00 Uhr wird Pföhler auf einmal aktiv. Er telefoniert länger mit seinem Mitarbeiter und mit BKI Zimmermann und lässt jetzt plötzlich die höchste Alarmstufe 5 ausrufen – den Katastrophenalarm samt Evakuierungs-Aufforderung. Der Alarm ist für 22.04 Uhr vermerkt, doch via Katwarn wird er erst um 23.09 Uhr verschickt.

„Wir haben festgestellt, dass die TEL schon eine halbe Stunde vorher Sascha Cremer beauftragt hat, den Alarm auszulösen“, berichtet Ermittler Gebert. Cremer ist stellvertretender BKI – doch Cremer ist an dem Abend selbst als Feuerwehrmann im Einsatz. „Es war sonst offenbar niemand in der TEL, der den Alarm auslösen konnte“, referiert Gebert – so wurde die lebensrettende Meldung erst mit einer Verzögerung von mehr als 60 Minuten verschickt.

Pföhler wiederum warnt ab 22.15 Uhr seine Nachbarn und schreibt um 22.35 Uhr besagte SMS an seine Vertraute Ingrid N.: „Wir müssen evakuiert werden ...“ Gegen 23.00 Uhr wird ein silbernes Fahrzeug der Familie Pföhler beobachtet, wie es die Brückenstraße verlässt.

Mit Ingrid N., der stellvertretenden CDU-Chefin des Landkreises, hat Pföhler seit vielen Jahren ein Verhältnis, in der Region ist das ein offenes Geheimnis. Pföhler pflegt die Beziehung – obwohl er gleichzeitig noch mit seiner Frau zusammenlebt. Viermal ruft der Landrat Ingrid N. am 14. Juli von seinem Handy aus an, neunmal ruft sie bei ihm durch. Worüber sie mit Pföhler gesprochen hat, daran will sie sich nicht erinnern können. Pföhlers dramatische Nachrichten später am Abend habe sie angeblich nicht mehr gelesen, gibt die Dernauerin an: Sie sei früh im Bett gewesen, die Flut habe sie verschlafen.

„Zwischen 23 und 24 Uhr gab es sehr viele Anrufe“ vom Handy des Landrats, vermerkt Ermittler Gebert – jetzt, endlich, erreicht auch Bürgermeisterin Weigand den Landrat, der hochgradig aufgelöst wirkt. Pföhler organisiert noch eine Pressekonferenz am nächsten Morgen, nach Mitternacht verzeichnen die Ermittler dann wieder zahlreiche fehlgeschlagene Versuche, ihn per Handy zu erreichen. Wo sich der Landrat inzwischen aufhält, dazu gibt es keine Angaben.

Warum Pföhler nicht spätestens um 23.00 Uhr „den Versuch gemacht hat, die Kreisverwaltung Ahrweiler aufzusuchen", habe sich ihm nicht erschlossen, so der Ermittler weiter: „Hinderungsgründe haben wir auch keine entdeckt." Das Fazit fällt deutlich aus: Man habe „keine konkreten Hinweise darauf, dass der Landrat proaktiv daran beteiligt war, die Folgen der Flutkatastrophe abzuwenden", sagt Gebert. Nach 23.00 Uhr sterben in Bad Neuenahr-Ahrweiler und Sinzig insgesamt 87 Menschen.

Um 0.22 Uhr ist noch ein Gespräch zwischen Pföhler und dem Chef der Dienstaufsichtsbehörde ADD, Thomas Linnertz, verbrieft – Inhalt: unklar. Um 0.50 Uhr schreibt Pföhler an seine Vertraute: „Katastrophe, Tote, Menschen auf Dächern, keine Hubschrauber, Stromausfälle. Unser Haus ist geflutet, ich bin am Ende."

Warnsystem MoWas: Formulare statt Schnelligkeit

Warum ging der Katastrophenalarm erst mit einer solch ungeheuren Verspätung raus? Wieso drückte niemand einfach auf den Knopf? Die Antwort ist ebenso schlicht wie erschütternd: Weil es keinen Knopf gibt. MoWaS, das „Modulare Warnsystem des Bundes", wurde vom Bundesamt für Bevölkerungsschutz und Katastrophenhilfe (BBK) entwickelt – es ist das zentrale Warnsystem im Katastrophenfall. MoWaS definiert die Abläufe der Warnmeldeketten und regelt die Wege zum Auslösen von Warnmeldungen – auf typisch deutsche Weise.

Um eine MoWaS-Warnung auslösen zu können, „muss ich vor Ort ein MoWaS-Formular per Hand ausfüllen und das an die Leitstelle faxen", erklärt der Mainzer Feuerwehrmann

Michael Ehresmann: „Nur die Leitstelle kann sich in das System einloggen und den Alarm auslösen." Ob dieses Fax dann auch sein Ziel erreicht, die Warnung wahrgenommen wird, eine Reaktion erfolgt – die auslösende Feuerwehrstelle weiß es nicht. Telefone für den Notfall gebe es nicht, sagt Ehresmann, prioritäre Leitungen, die für besondere Warnlagen frei blieben – Fehlanzeige.

Und so scheitern die regulären Kommunikationswege in der Flutnacht auf geradezu abenteuerliche Weise. Was passiert, klingt wie ein Witz über deutsche Bürokratie – und ist doch die bittere Wahrheit: In der Integrierten Rettungsleitstelle in Koblenz lösen sie keinen Katastrophenalarm aus – weil niemand ein Fax aus Ahrweiler schickt.

Die Integrierte Leitstelle in Koblenz war in der Flutnacht voll besetzt, bereits ab dem späten Nachmittag laufen die Telefone mit Notrufen heiß. Verzweifelte Menschen aus dem Ahrtal schildern dramatische Szenen von steigenden Wassermassen, Menschen auf Hausdächern und weggerissenen Autos. Trotzdem lösen die Verantwortlichen in der Leitstelle keinen Katastrophenalarm aus, MoWaS bleibt unberührt – und damit auch die Warnapps Nina und Katwarn. Der Grund: Ahrweiler verlangt es nicht.

Der Einsatzleiter im Ahrtal hätte „eine unterzeichnete schriftliche Aufforderung in Form eines Vordrucks" an die Integrierte Leitstelle schicken müssen, teilt das Mainzer Innenministerium im Juli 2022 zum Ablauf mit – die Aufforderung hätte per Fax oder per E-Mail erfolgen können. Da dies nicht geschah, habe „keine Berechtigung für die Integrierte Leitstelle bestanden, eigenständig Warnungen mittels MoWaS auszulösen", betont das Innenministerium, und fügt hinzu: Das gelte auch für eine Katwarn-Warnung.

Lieber nicht warnen als falsch warnen

Bei der Deutschen Feuerwehr-Gewerkschaft verteidigt man das Vorgehen: Das Modulare Warnsystem MoWaS beinhalte „strikte Anweisungen, wie die einzelnen Warnstufen abzuarbeiten sind." Dem Disponenten „bleibt keine andere Möglichkeit, als auf diese Bestätigung/Anweisung zu warten, bevor er die Warnmeldung auslöst", betont man dort – so solle verhindert werden, dass es zu fehlerhaften oder unautorisierten Warnmeldungen komme.

„Man stelle sich vor, einer der Kollegen hätte eigenständig eine nicht vollständige Warnmeldung herausgegeben, in der eine Ortschaft als nicht-betroffen gegolten hätte, und es dort zum Verlust von Menschenleben gekommen wäre, weil keine Hilfskräfte entsandt wurden", argumentiert die Gewerkschaft. Nun, man könnte sich auch vorstellen: In wie vielen Ortschaften hätten in der Flutnacht im Ahrtal Menschenleben gerettet werden können – wenn irgendjemand rechtzeitig und nachdrücklich gewarnt hätte? Und was ist schlimmer: Eine Ortschaft zu „vergessen" – oder niemanden zu warnen?

Immer wieder erzählen Feuerwehrmänner aus der Flutnacht: Ihre Warnungen seien nicht ernst genommen worden. In Sinzig sterben gegen 2.00 Uhr morgens zwölf Menschen in einem Behindertenwohnheim, obwohl die Feuerwehr mehrfach warnt – man kann sich einfach nicht vorstellen, dass die Ahr so hoch steigen wird. Die höchste Warnstufe hätte eine andere Dringlichkeit vermittelt, hätte klargemacht: Es ist bitter ernst. Bringt Euch in Sicherheit. Doch sie wird erst nach 23.00 Uhr ausgespielt – viel zu spät und mit einem viel zu kleinen Evakuierungsradius.

Während es in anderen Ländern wie den USA Standard ist, ganze Landstriche etwa bei Hurrican-Gefahr zu evakuieren, dominiert in Deutschland in den Rettungsdiensten die Angst vor der Konsequenz einer „falschen" Warnmeldung: Lieber nicht warnen als falsch warnen. Es könnte sich ja jemand darüber beschweren, unnötigerweise gerettet worden zu sein.

„Eigenkritik am Einsatz ist bei der Feuerwehr völlig unüblich, da gibt es viel Angst davor, Fehler einzugestehen", sagt Albrecht Broemme, langjähriger Präsident der Bundesanstalt Technisches Hilfswerk. „Das selbstkritische Hinterfragen, wie hat meine Entscheidung eigentlich gewirkt, wie hat sich das ausgewirkt, hat sich das rentiert, das findet viel zu wenig statt", erklärt Broemme in einem Interview mit der „Rhein-Zeitung" im September 2021: „Da haben alle Angst, dass sie dann wie blöde dastehen. Aber wenn man nie Kritik übt, wird man nie besser werden."

Fax aus dem Jenseits

Dass auch in der Integrierten Leitstelle in Koblenz in der Flutnacht niemand die höchste Stufe des Katastrophenalarms auslöst, dass sich niemand dazu in der Lage sieht – der Untersuchungsausschuss und die Öffentlichkeit erfahren das alles erst im Sommer 2022. Eine Anfrage der Freien Wähler (FW) beim Innenministerium in Mainz deckt den Vorgang auf und bringt die bürokratischen Abläufe sowie deren Absurdität erst so richtig ins Bewusstsein.

Wie könne es denn sein, dass man auf ein unterzeichnetes Fax aus Ahrweiler warte – während im Ahrtal die Welt untergehe, fragt daraufhin der Obmann der Freien Wähler, Stephan Wefelscheid. Es sei doch „völlig absurd", dass das Wohl und Wehe eines solchen Warnsystems von einer völlig unflexiblen Richtlinie abhänge: Was sei denn, wenn niemand mehr da sei, ein Fax zu verschicken?

Der Umgang mit der MoWaS-Regel geht in der Tat auf eine Vorgabe des Innenministeriums von Rheinland-Pfalz zurück, die am 15. Juli 2020 erlassen wurde. Eigenständige Warnungen der Bevölkerung durch die Integrierte Leitstelle der Rettungsdienste sind demnach nicht vorgesehen – man verlässt sich auf einen geordneten, bürokratischen Ablauf zwischen Leitstelle und dem Krisenstab vor Ort. Das Ergebnis: Ohne Fax keine Warnung.

Eine Katastrophenplanung dürfe doch nicht vom Befolgen einer ministeriellen Richtlinie abhängen, schimpft Wefelscheid: „Es stellt sich ja auch die Frage: Was ist denn, wenn eine technische Einsatzleitung nicht mehr existent ist?“ Es könne doch „eine Katastrophe eines solchen Ausmaßes vorhanden sein, dass schlicht niemand mehr da ist, der eine solche Aufforderung absenden kann“, sagt der Landtagsabgeordnete weiter: „Wie ist denn ein solcher Fall geregelt?“

Gar nicht, lautet die Antwort. In der deutschen Bürokratie hat man so viel Angst davor, etwas „falsch“ zu entscheiden und dann „einen Kopf kürzer“ gemacht zu werden, dass sich nicht einmal Katastrophenschützer noch trauen, vor Katastrophen zu warnen. Lieber wartet man auf ein Fax aus dem Jenseits, als „eigenmächtig“ zu handeln – es könnte ja schiefgehen.

Und dabei sind sie in jener Nacht beileibe nicht untätig, all die Katastrophenschützer und Krisenhelfer: Feuerwehrmänner und -frauen schuften bis zum Umfallen, viele retten unter Einsatz des eigenen Lebens Menschen aus Häusern und Autos. In den Leitstellen wird derweil telefoniert, dass die Leitungen glühen, die Helfer versuchen zu mobilisieren, was geht. Es gibt sie, die Anpacker, die Entscheider, die Unkonventionellen, denen Regeln im Ernstfall egal sind, weil es wirklich gerade Wichtigeres gibt – aber es sind zu wenige. Und sie sitzen in dieser Nacht zumeist eben nicht in den entscheidenden Funktionen.

Kapitel 7: 5100 Notrufe aus dem Ahrtal

„Ich habe einen Anruf erlebt: ‚Hallo, ich bin eine Frau mit drei Kindern, das Nachbarhaus ist schon weg, und mein Haus wackelt auch.' Wir haben es aufgenommen, aufgelegt, den nächsten Anruf angenommen." Markus Obel kann nicht mehr ruhig bleiben, beinahe hält es den Branddirektor der Koblenzer Feuerwehr vor dem Untersuchungsausschuss des Mainzer Landtags nicht mehr auf seinem Stuhl. Obel war am Abend des 14. Juli zu Beginn der Einsatzleiter in der Integrierten Rettungsleitstelle in Koblenz, was er erlebte, lässt noch neun Monate später seine Stimme beben und seine Wortwahl emotional werden.

Obel stand mitten zwischen den Telefontischen der Leitstelle, um ihn herum wurde telefoniert, was die Leitungen hergaben. 16 Disponenten waren im Einsatz, neun sind sonst eigentlich das Maximum. „Trotzdem sind wir des Notrufaufkommens nicht Herr geworden", sagt Obel. Die Männer und Frauen am Telefon müssen Grauenhaftes hören und manchmal auch miterleben. Menschen, die berichten, wie das Wasser in ihren Häusern steigt, wie ganze Häuser von Fluten verschlungen werden.

Die Beamten an den Telefonen bleiben hochprofessionell: „Wenn es nur noch drei Stufen sind, gehen Sie ins Dachgeschoss. Wenn auch das nicht reicht, aufs Dach", so raten sie den verzweifelten Anrufern aus dem Ahrtal in jener Nacht. Ein Disponent habe einem Anrufer beschrieben, wie sie ein Dach aufzubrechen haben, erzählt Obel: „Dann schilderte der Anrufer: Meine Ehefrau passt nicht durch. ‚Doch', sagte daraufhin der Disponent, ‚schieben sie – die passt durch.' Dann sagte er: ‚Wir schicken Hilfe, wir kommen mit Booten.' Dann hat er aufgelegt und mich angesehen – und geweint, was er konnte."

Sie können keine Hilfe schicken in der Integrierten Leitstelle in Koblenz in jener Nacht, und sie wissen es genau. Mehr als 3000 Feuerwehreinsätze werden in der Nacht im Ahrtal initiiert, alles Verfügbare an Mensch und Material ist im Einsatz – es wird nicht einmal im Ansatz ausreichen.

Die Welle der Hilfsanrufe beginnt beileibe nicht erst in der Nacht: „Wir hatten am Nachmittag schon ein deutlich erhöhtes Anrufaufkommen", berichtet Ulrike Mohrs (CDU), Bürgermeisterin von Koblenz und für Katastrophenschutz und Feuerwehr zuständig. Dass sich die Lage dramatisch zuspitzt – Mohrs wird das schon am frühen Abend bewusst. Bereits am Nachmittag sind in der Leitstelle alle neun Telefonplätze mit Disponenten zur Anrufannahme belegt. Ab 17.30 Uhr habe man weitere fünf Plätze hinzugenommen, berichtet Mohrs dem Untersuchungsausschuss in Mainz, ab 18.00 Uhr noch einmal zwei – dann waren alle Telefonkapazitäten ausgeschöpft.

Er selbst sei gegen 17.00 Uhr in die Leitstelle gekommen, berichtet Obel, da sei das Anrufaufkommen schon verstärkt gewesen, vergleichbar mit 2016 – dem Jahr des letzten großen Hochwassers im Ahrtal. Damals stieg das Wasser am Pegel Altenahr auf den „Rekordwert" von 3,70 Meter, schon das galt als verheerend: Im Kreis Ahrweiler wurden damals rund 800 beschädigte Gebäude gemeldet.

Kurz nach 17.00 Uhr kommen die ersten dramatischen Notrufe in der Koblenzer Leitstelle an: Es würden Personen auf Dächern stehen, die sich nicht selbst retten könnten. Obel ist sauer – jetzt bräuchten sie Hubschrauber mit Seilwinden zur Menschenrettung, doch genau die hat Rheinland-Pfalz nicht, immer noch nicht. „2016 war nur eine einzige Maschine flugfähig", berichtet er trocken, „für mich war bedauerlich, dass sich die Lage seither nicht gebessert hat."

Im Krisenzentrum der Dienstaufsichtsbehörde ADD versprechen sie, sich zu kümmern, tatsächlich wird erst gegen 19.20 Uhr gemeldet, dass ein Hubschrauber aus Hessen kommt. Bei Obel kommt dagegen nur an: „Die Bundespolizei kann nicht fliegen, die Bundeswehr kann nicht fliegen", berichtet er. „Es hätten Hausaufgaben gemacht werden können", sagt Obel bitter. Jetzt sieht er sich in der Zwangslage, nicht helfen zu können – „schon wieder".

In Koblenz aktivieren sie jetzt Spezialeinheiten für überörtliche Hilfe. „Jede Einheit hat 30 Fahrzeuge und 150 Personen, die wir relativ schnell in den überörtlichen Einsatz bringen können", berichtet Bürgermeisterin Mohrs. Solche Einsatzeinheiten sind in Rheinland-Pfalz nicht vorgesehen, im Nachbarland Nordrhein-Westfalen aber seien sie Pflicht, erklärt Mohrs. In Koblenz beschlossen sie 2018 gemeinsam mit acht Landkreisen im Norden die Einrichtung solcher Einsatzeinheiten sowie das Vorhalten eines Lagedienstes rund um die Uhr: „Wir haben gesagt, das wäre eine gute Sache, wenn wir das hätten – wir in Koblenz machen das."

Die Spezialeinheiten gehen im Laufe des Abends alle raus. Raus gehen auch zwei Katwarn-Meldungen vor Überschwemmungen und extremem Hochwasser, die erste bereits um 14.34 Uhr, die zweite um 19.35 Uhr – jetzt wird auch vor einem Pegelstand von über fünf Metern gewarnt. Was die Feuerwehrleute zu dem Zeitpunkt nicht wissen: Das Ausspielen an die Warn-App Nina des BBK scheitert an einem technischen Problem, das bis zu diesem Zeitpunkt niemand kennt.

Das Modulare Warnsystem MoWaS mit der höchsten Warnstufe 5 hingegen löst niemand aus. „Wir waren nicht berechtigt, eine Warnung herauszugeben", rechtfertigt Mohrs das Agieren ihrer Leute vor dem U-Ausschuss – eine solche Warnung müsse vonseiten des Landkreises beziehungsweise der Technischen Einsatzleitstelle des Kreises angefordert werden. Das habe auch gute Gründe, betont Mohrs: „Mit der Warnung muss ich auch sagen, was die Menschen tun sollen." Ohne echte Ortskenntnis könne das aber mehr schaden als nützen.

„Hätte ich warnen sollen?", fragt sich auch Markus Obel: „Ich wäre der Verantwortliche gewesen, moralisch gesehen." Der Mann ist sichtlich im Konflikt: „Rechtlich stand es uns nicht zu", betont er. Sinn einer solchen Warnung sei, dass man gleichzeitig Handlungsanweisungen gebe. „Das konnte ich nicht", sagt Obel – ihm habe schlicht die Ortskenntnis gefehlt. Aus Ahrweiler aber kommt auch nichts, also warten sie ab.

Menschen mit Weinkrämpfen vor den Bildschirmen

Inzwischen ist in der Leitstelle ohnehin Land unter. 6000 bis 7000 Notrufe seien an jenem Abend und bis tief in die Nacht hinein in der Leitstelle eingegangen, schätzt Obel – davon mehr als 5100 alleine aus dem Ahrtal. Die Dramatik ist enorm: Bereits ab dem Nachmittag fordert die Leitung psychologische Betreuung zur Unterstützung für ihre Disponenten an. „Ich habe Menschen gesehen, die mit Weinkrämpfen vor dem Bildschirm zusammengebrochen sind und von Kollegen weggeführt wurden", schildert Obel die Lage. Die Kollegen hätten trotzdem weitergearbeitet, „die haben die ganze Nacht durchgezogen."

Auch er selbst ist gegen 21.00 Uhr am Ende: „Die Situation war mittlerweile so angespannt, dass ich um 21.00 Uhr den Abteilungsleiter in der Leitstelle gebeten habe, die Einsatzleitung zu übernehmen", berichtet Obel. Abteilungsleiter ist zu dem Zeitpunkt Christian Märkert, der erfahrene Feuerwehrmann ist eigentlich schon gar nicht mehr im Dienst:

Zum 1. August 2021 wird er eine neue Stelle als Leiter der Berufsfeuerwehr in Lünen in Nordrhein-Westfalen antreten. Märkert ist bereits in seinem Abschlussurlaub.

An jenem Abend des 14. Juli kommt Märkert aus dem Saarland von einem Besuch zurück, im Radio hört er: Der Landkreis Bitburg-Prüm habe den Katastrophenfall ausgerufen. Statt „nach Hause auf die Couch" fährt Märkert in die Leitstelle nach Koblenz, er gerät mitten in einen Alptraum. „Wir sind in dieser Nacht an unsere Grenzen gegangen, teilweise darüber hinaus", schildert er die Lage: „Das war eine Berufsnacht, die möchte man kein zweites Mal erleben."

Märkert übernimmt die Einsatzleitung, weil ihn Obel „um Ablösung gebeten hat, weil er psychisch nicht mehr weiterkonnte", so schildert er es dem Ausschuss. Die Verantwortlichen sind allesamt gestandene Feuerwehrleute, erfahren in Krisen und Katastrophen. Aber so etwas haben sie noch nicht erlebt: „Die Telefonleitungen haben nie aufgehört zu blinken, so etwas habe ich noch nie gesehen", berichtet Märkert: „So einen Einsatz hat noch keiner in der Bundesrepublik Deutschland erlebt."

Die Kollegen wissen nicht mehr ein noch aus, Märkert trifft eine Entscheidung: Er ordnet eine Priorisierung der Notrufe an, die Vielzahl ist einfach nicht mehr zu handhaben. Die Entscheidung: Alles, was eine Vorwahl aus dem Bereich Ahrtal hat, wird zweitrangig behandelt. „Die Überlegung war, wir nehmen den Anruf von dort an, wo wir noch helfen können, und das arbeiten wir schnell ab", schildert er seine Denkweise.

Die Integrierte Leitstelle in Koblenz ist für mehrere Landkreise gleichzeitig die Koordinationsstelle: „Wir waren ja noch für den Bereich Koblenz und Cochem-Zell zuständig", betont auch Mohrs, von dort seien ja ebenfalls Notrufe eingegangen. Für einen Herzinfarkt oder einen Schlaganfall

„konnten wir entsprechend auch Hilfe auf den Weg senden", sagt Mohrs – im Ahrtal war das schon nicht mehr möglich. Und die Notrufe gehen weiter und weiter.

„Wir wussten, wenn in der Minute jemand aus dem Ahrtal anruft, hat er ein Problem mit Wasser und Flut", sagt Märkert trocken. Sie wissen auch: Die Rettungskräfte sind unterwegs im Ahrtal, Feuerwehrkräfte fahren durch die Orte und warnen per Lautsprecherwagen – mehr können sie nicht tun. Eines aber unterbleibt: Zu einer Evakuierung ruft niemand auf.

Warnen oder nicht warnen?

Habe er denn nicht selbst mal daran gedacht, eine allgemeine Warnung über MoWaS auszulösen, wird Märkert gefragt. „So eine Überlegung kommt", antwortet er, und räumt ein: Im Notfall dürfe auch die Integrierte Leitstelle in Koblenz eine Warnung auslösen. „Aber sie haben nicht die Information dazu, dieses riesengroße Einsatzgebiet einer Leitstelle hat auch Nachteile: Sie kennen die Ortschaften teils gar nicht, wissen nicht, wo die Flüsse verlaufen", schildert Märkert das Problem: „Wenn ich einfach warne, liebe Leute, bringt Euch in Sicherheit – vielleicht fahren die Leute dann erst recht in die Flut hinein."

Genau das sei sogar Profis bei der Feuerwehr an dem Abend passiert, berichtet Märkert: Ein Einsatzwagen sei mitten in die Fluten geraten und weggerissen worden, die Besatzung habe sich nur mit Mühe retten können. Den Alarm auszulösen, Handlungsanweisungen zu geben, das wäre die Aufgabe der Technischen Leitstelle in Ahrweiler, doch die bleibt passiv – dabei haben sie von Koblenz aus ständigen Kontakt nach Ahrweiler: Von 17 Telefonaten ist die Rede.

Auch Obel telefoniert persönlich mit Ahrweiler: „Alle Personen, die ich am Telefon hatte, waren ruhig, sachlich, nicht aufgeregt“, schildert er seinen Eindruck. Aus Koblenz warnen die Lageführer die Kollegen in Ahrweiler: „Durch das Ahrtal rollt eine nicht zu unterschätzende Welle“ – die Aufforderung für den Katastrophenalarm kommt trotzdem nicht.

Gegen Mitternacht habe er dann einen Anruf eines ihm gut bekannten Arztes aus dem Bundeswehrzentralkrankenhaus in Koblenz bekommen, berichtet Obel. Dieser habe gewarnt, er habe „die Technische Einsatzleitung als nicht mehr sonderlich einsatzfähig wahrgenommen.“ Gewundert habe ihn das nicht, betont Obel: „Man ist ab einer gewissen Lage nicht mehr in der Lage, eine Einsatzleitung objektiv zu führen.“

Es ist Märkert, der Bürgermeisterin Mohrs bittet, persönlich in die Leitstelle zu kommen. Irgendwann zwischen 21.45 Uhr und 22.30 Uhr haben sie ein Video übermittelt bekommen, das Aufnahmen aus dem Rettungshubschrauber Christoph zeigt. „Es war eine Sequenz, in der man erkennen konnte, dass Häuser bis zur Dachtraufe im Wasser standen, man konnte auch erkennen, dass ein gesamtes Hausdach angetrieben kam“, schildert Obel die Szene.

Gegen 23.00 Uhr bittet Märkert die Bürgermeisterin um Unterstützung. „Ich habe an der Stimme, an allem gemerkt: Das hier ist etwas, was noch nie dagewesen war“, berichtet Mohrs. Keine halbe Stunde später ist sie in der Leitstelle. Dort haben sie bereits um kurz vor 22.00 Uhr die Dienstaufsicht ADD um Verstärkung gebeten, mindestens sechs Telefonate finden im Laufe des Abends mit Trier statt. Die übergeordnete Behörde, die eigentlich im Fall einer Großschadenslage die Krisenleitung übernehmen müsste, wird ständig auf dem Laufenden gehalten.

Doch in der ADD sind sie selbst unterbesetzt, ein schlagkräftiger Krisenstab ist dort ebenfalls nicht im Einsatz. Stattdessen bitten die Kollegen bei der ADD die Leitstelle, sich doch selbst mit der Berufsfeuerwehr Ludwigshafen in Verbindung zu setzen. Bereits um Mitternacht fährt die Verstärkung aus der Pfalz in Koblenz auf den Hof, Mohrs nimmt sie in Empfang. Bis 4.00 Uhr morgens bleibt die Bürgermeisterin in der Leitstelle, versucht, moralische Unterstützung zu leisten. Mohrs telefoniert auch mehrmals mit der ADD, bittet um Verstärkung, das letzte Mal um 4.01 Uhr am Morgen.

Irgendwann nach Mitternacht bittet Märkert die Bürgermeisterin, noch ein Telefonat zu führen: Der Kontakt zur Technischen Einsatzleitung in Ahrweiler ist abgebrochen, Mohrs soll Landrat Jürgen Pföhler auf dem Handy anrufen und nachhören, wie die Lage ist. „Ich habe dieses Telefonat mit Pföhler um ein Uhr herum geführt, plus minus 30 Minuten, eher später als früher", berichtet Mohrs. Es sei ein ausgesprochen kurzes Telefonat gewesen. Sie habe dem Landrat gesagt: „Sie müssen alles von der Ahr so weit wie möglich wegschaffen". Pföhler habe geantwortet: „Was denken Sie denn, was wir hier tun?"

Doch es gibt ja noch eine zweite Leitstelle in Koblenz, eine zweite Schiene der „Blaulicht-Familie": Auch bei der Polizei glühen in dieser Nacht die Notrufdrähte. Was tun die Beamten eigentlich in der Flutnacht – und welche Informationen geben sie ins Ministerium nach Mainz weiter?

Kapitel 8: Ahnungslos in Mainz – das Innenministerium

Um 22.00 Uhr beginnt Marita Simon ihren Dienst in der Leitstelle der Polizei in Koblenz. „Da hatten wir keine Hochwasserlage mehr, sondern eine Flutkatastrophe“ – so schildert es Simon bei ihrer Vernehmung vor dem Untersuchungsausschuss im Juli 2022. Und die 56-jährige Erste Polizeihauptkommissarin findet klare Worte: Der Polizeiführer, den sie ablöst, habe ihr klar gesagt, im Ahrtal sei „Land unter“.

Kurze Zeit später bekommt Simon Bilder aus einem Hubschrauber zugeschickt. „Um kurz vor 22.00 Uhr war der Hubschrauber in der Luft über Schuld und hat die Aufnahme gemacht von Häusern, die nicht mehr zu sehen waren“, berichtet Simon: „Als ich die Fotos gesehen habe, war mir klar: Hier gibt es Verletzte und auch Tote.“

Um 22.30 Uhr ruft Simon im Lagezentrum im Mainzer Innenministerium an und schildert die Situation in aller Klarheit: Im Ahrtal sei „Land unter“, bei der Einsatzzentrale in Koblenz gingen „Notrufe aus dem Ahrtal ohne Ende ein.“ Sie berichtet, dass Menschen auf den Dächern ihrer Häuser stehen und mit Taschenlampen nach Hilfe rufen. Und sie berichtet, dass in Schuld sechs Häuser eingestürzt sein sollen. Sie benutzt klar das Wort Katastrophe. „Wenn sechs Häuser weggerissen werden, und man mit toten Menschen rechnen muss, dann ist das ja schon eine Katastrophe“, sagt Simon. Und schließlich „hört die Ahr in Schuld ja nicht auf.“

Das aber scheint sich den Beamten in Mainz nicht so richtig zu erschließen. Das Lagezentrum im Innenministerium ist normalerweise gerade einmal mit zwei Beamten besetzt, in dieser Nacht werden es schließlich vier. Doch dieses Lagezentrum ist kein Krisenstab, es ist noch nicht einmal eine Leitstelle, die vollständig agieren kann. Was die Beamten tun: Sie sammeln Informationen und geben sie weiter, an die Dienstaufsicht ADD und vor allem an ihre eigene Hausspitze.

Dieter Keip ist Leiter der zuständigen Abteilung 4 im Ministerium des Innern und für Sport Rheinland-Pfalz. Als er das Ministerium um 19.47 Uhr verlässt, geht er noch immer von einem Einzelereignis aus: „Ich hatte den Informationsstand über den Einsatz am Campingplatz Dorsel", schildert er dem U-Ausschuss, dort seien „Rettungsmaßnahmen veranlasst" worden. Dass es „eine so globale Lage an der Ahr geben könnte, das war mir nicht bekannt", sagt er steif.

Erst auf Nachfrage räumt Keip ein: Man habe im Lagezentrum „sicher auch darüber gesprochen, dass Trier und die Ahr betroffen" seien. „Das war aber sehr unkonkret und pauschal", behauptet Keip, es habe nur geheißen, man müsse „mal sehen, wie sich die Lage entwickele." Dass zu diesem Zeitpunkt längst Menschen auf dem Campingplatz in Dorsel gestorben sind, will Keip „erst im Nachgang erfahren" haben.

Diese Art der Aussage wird in den weiteren Vernehmungen der Beamten aus dem Innenministerium ein durchgängiges Muster sein: „Ich bin von einer Hochwasserlage ausgegangen, nicht von einer Katastrophe", behauptet etwa der diensthabende Gruppenleiter Jörn Grünhagen steif und fest. Nahezu gleichlautend äußern sich auch alle weiteren Beamte des Innenministeriums. Gingen also tatsächlich keine Informationen über die sich zuspitzende, ja dramatische Lage an der Ahr im obersten Lagezentrum des Landes ein?

Martin Kuntze ist im Juli 2021 stellvertretender Polizeiinspekteur in Rheinland-Pfalz. Weil sein Chef in Urlaub ist, hat Kuntze am 14. Juli 2021 die oberste Leitung. An diesem Tag hat er Besprechungen im Polizeizentrum in Mainz-Hechtsheim. „Die seinerzeitige Wetterlage war zu keinem Zeitpunkt Gegenstand der Besprechung", sagt Kuntze. Er beendet gegen Viertel vor vier Uhr seinen Dienst, widmet sich privaten Verpflichtungen.

Zwischen 20.00 Uhr und 20.30 Uhr ruft ihn der Leiter des Lagezentrums, Heiko Arnd, an: Im Lagezentrum gebe es „diverse Meldungen über Hochwasser und Unwetter“, er erwäge hinzufahren. „Ich habe das zur Kenntnis genommen und bin dann gegen halb elf ins Bett gegangen“, sagt Kuntze: „Es gab zu dieser Uhrzeit keine belastbare Information, dass es Tote gegeben hat.“

Wirklich nicht? Zu diesem Zeitpunkt war bereits die junge Feuerwehrfrau Katharina Kraatz mit einem Wohnwagen samt Bewohnerin auf dem Campingplatz in Dorsel weggerissen worden, fünf weitere Camper werden vermisst – das alles geschieht zwischen 17.00 Uhr und spätestens 19.00 Uhr. Erfährt Kuntze davon wirklich nichts? Die Nachricht macht in den Funknetzen von Feuerwehren und Polizei die Runde, ab 19.00 Uhr versinken in Schuld mehrere Häuser in den Fluten. Der stellvertretende Inspekteur der Polizei will davon nichts mitbekommen haben: Hochwasser, Katastrophe – „das war kein Thema für mich.“

Leiter des Lagezentrums im Mainzer Innenministerium ist Heiko Arnd, erst im Mai 2021 hat er die Stelle angetreten. Am 14. Juli beendet Arnd seinen Dienst ganz regulär um 17.40 Uhr. Erst um kurz vor 23.00 Uhr lassen ihn die zunehmend alarmierenden Meldungen ins Lagezentrum zurückkehren, Arnd bleibt bis 6.00 Uhr morgens im Einsatz.

Die Kollegen in Trier sind die ersten, die starke Regenfälle und überflutete Keller melden, aus der Ahrregion kommen Nachrichten hingegen offenbar zu Beginn nur spärlich bis gar nicht an. Größere Schadenslagen und Verletzte seien nicht bekannt, meldet das Lagezentrum angeblich noch um 20.30 Uhr an Leiter Arnd. „Heute muss man feststellen, dass wir Informationsdefizite hatten“, sagt Arnd vor dem Untersuchungsausschuss. Man könnte die Lage auch „ahnungslos in Mainz" nennen.

Lagebericht für den Minister, bitte schriftlich

Der Fokus der Beamten liegt offenbar darauf, den Lagebericht für Innenminister Lewentz am nächsten Morgen herzustellen. „Unsere Aufgabe ist es nicht, operative Polizeieinsätze zu führen", wehrt sich Arnd. Der Job sei, „Informationen zu sammeln, zu bewerten und an Bedarfsträger zu steuern." Lageberichte erstellen, das verstehen sie hier als ihren Job.

Bereits am Mittag, gegen 12.00 Uhr, hatte sich Innenminister Lewentz an sein Lagezentrum gewandt: Angesichts der sich abzeichnenden Hochwasserfront wolle er „niedrigschwellig unterrichtet werden", bittet der Minister – es kommt einem Befehl gleich. Doch Minister Lewentz wird erst spät am Abend über die dramatische Lage im Ahrtal informiert, als das gesamte Tal längst meterhoch unter Wasser steht.

Vor dem Ausschuss erzählen die Beamten des Lagezentrums eine Märchengeschichte, die sich später als haltlos erweisen wird: Von der Dramatik der Lage im Ahrtal habe er in der Flutnacht nichts erfahren, behauptet Arnd zunächst, man habe „keine belastbaren Informationen" gehabt. Auch andere Beamte werden zu Protokoll geben, man habe „nur punktuelle Informationen" gehabt, von einem flächendeckenden Land-Unter im Tal habe man nichts gewusst – von einer Flutwelle schon gar nichts. Die Darstellung ist praktisch wortgleich mit den Ausführungen des Ministers vor dem U-Ausschuss.

Man habe die Leitstelle in Koblenz gebeten, alle halbe Stunde einen Lagebericht einzureichen, und zwar schriftlich, berichtet Arnd. In Koblenz schütteln sie darüber nur den Kopf: Sie haben wahrlich Besseres zu tun, als schriftliche

Berichte zu verfassen. Ab 22.30 Uhr habe sie mehrfach telefonisch dem Lagezentrum im Innenministerium ihre Eindrücke geschildert, betont die Koblenzer Polizeiführerin Marita Simon: „Für mich stand fest, das hier ist eine Katastrophe, Menschenleben in Gefahr, hohe Sachschäden – und das habe ich dem Lagezentrum mehrfach telefonisch mitgeteilt."

Doch im Innenministerium dringen sie weiter auf einen schriftlichen Lagebericht – und zwar per Polizei-System. Das Ausfüllen des Systems sei aber ausgesprochen umständlich und gehe alles andere als schnell, erklärt Simon: „Dazu hatte einfach niemand Zeit." In Koblenz gehen gerade Tausende Notrufe verzweifelter Menschen aus dem Ahrtal ein, doch in Mainz weigern sie sich offenbar, die Lage zur Kenntnis zu nehmen.

Irgendwann habe sie, so leid ihr das heute tue, den Beamten im Innenministerium regelrecht angeschrien, bekennt Simon: „Wer will das denn jetzt noch wissen?" Der Beamte antwortet: Sein Chef, der sitze neben ihm. „Am liebsten ist es uns, wenn Lagemeldungen schriftlich eingehen, weil die dann auch verifiziert sind", verteidigt Arnd das Vorgehen. Erste schriftliche Meldungen aus dem Polizeipräsidium Koblenz „haben wir erst nach 3.00 Uhr bekommen", behauptet er – auch diese Aussage wird sich später als falsch herausstellen.

Um 01.49 Uhr schreibt Marita Simon in einer E-Mail aus Koblenz ans Lagezentrum in Mainz: „Überflutung von Ortschaften und Straßen im gesamten nördlichen, linksrheinischen Gebiet PP Koblenz, Menschenleben in Gefahr, da Personen in Häusern und Fahrzeugen eingeschlossen sind." Als „Ereignisorte" gibt sie an: „Schuld, Ahrweiler, Adenau, Altenahr".

Spätestens ab 21.30 Uhr, so wird sich später herausstellen, wusste das Lagezentrum in Mainz von einer sich anbahnenden Katastrophe, von weggerissenen Häusern in

Schuld, von einer Flutwelle im Tal – warum also informieren sie Lewentz nicht? Der Minister, der „niedrigschwellig" unterrichtet werden wollte, erfährt er wirklich erst gegen Mitternacht von den dramatischen Zuständen im Ahrtal, von Tausenden Notrufen, von Menschen in Lebensgefahr?

Kapitel 9: Der Kapitän steht nicht auf der Brücke

Es ist kurz vor 18.00 Uhr, als Innenminister Roger Lewentz (SPD) am Rande des Landtagsplenums in Mainz eine alarmierende Nachricht bekommt: Im oberen Bereich der Ahr stehe in Dorsel ein Campingplatz unter Wasser, Menschen seien auf die Dächer ihrer Campingwagen geflüchtet – es brauche Hubschrauber zur Rettung aus der Luft. Es ist der 14. Juli 2021, und während der Landtag in Mainz tagt, baut sich im Ahrtal eine Flutwelle ungeahnten Ausmaßes auf.

Der Innenminister wird um 17.48 Uhr telefonisch vom Präsidenten der Aufsichts- und Dienstleistungsdirektion ADD, Thomas Linnertz, von der Lage auf dem Campingplatz Stahlhütte unterrichtet. „Das hat mich sehr erinnert an Bilder von 2016, bei einem vergleichbaren Ereignis an einem Campingplatz in Altenahr", so schildert es Lewentz bei seiner ersten Vernehmung im Untersuchungsausschuss Anfang April 2022.

Lewentz ist seit zehn Jahren Innenminister von Rheinland-Pfalz, ein erfahrener Mann. Seine Wurzeln hat der Sozialdemokrat in der Kommunalpolitik, Bürgermeister seines Heimatortes Kamp-Bornhofen war er. Manche sagen, Lewentz ist im Herzen immer Bürgermeister geblieben: Ein Kümmerer, bodenständig, nah bei den Menschen. Beamte vom Lagezentrum in seinem Ministerium erzählen, dass der Minister schon mal nachts bei ihnen in Mainz anruft und fragt, was denn das Martinhorn zu bedeuten habe, das er gerade gehört hat.

Auch jetzt ist Lewentz unruhig, er will ins Einsatzgebiet fahren, am liebsten nach Dorsel, doch ADD-Chef Linnertz rät ihm ab: Es seien bereits Straßen überflutet. Stattdessen fährt Lewentz nach Ahrweiler zur Technischen Einsatzleitung. Um 19.20 Uhr trifft Lewentz in der Kreisverwaltung

Ahrweiler ein, noch im Auto erfährt er von Linnertz, es sei nun ein Hubschrauber aus Hessen im Anflug auf Dorsel.

In Empfang genommen wird der Minister von Landrat Jürgen Pföhler, gemeinsam besuchen sie die Männer in der Einsatzzentrale. Man macht ein gemeinsames Foto, mit den Männern im Raum redet Lewentz nicht viel. Die mokieren sich später über den „PR-Besuch" von Minister und Landrat: „Jetzt kommen die Touristen, die sich später in Funk und Fernsehen zeigen mögen", soll ein DRK-Mitarbeiter den Besuch später beschrieben haben – wirklich interessiert habe die hohen Herren die Lage nicht.

Doch Tatsache ist auch: Lewentz wird von Landrat Pföhler und dessen Kreisbrandinspekteur Michael Zimmermann über die aktuelle Lage informiert. Was erfährt der Innenminister hier in diesem Moment? Berichten ihm die Herren, welche Katastrophe sich gerade am Oberlauf der Ahr abspielt – von den Toten auf dem Campingplatz, vielleicht gar von eingestürzten Häusern in Schuld?

Lewentz wird später wieder und wieder beteuern, er habe „einen konzentriert arbeitenden Krisenstab gesehen" – von Überforderung keine Spur. Auch auf der Anfahrt durch Ahrweiler habe er „überhaupt nichts bezüglich einer Katastrophe" sehen oder bemerken können, beteuert der Minister vor dem U-Ausschuss. Im Krisenstab sei von einem Pegel der Ahr von rund vier Metern die Rede gewesen – diese Prognose des Landesumweltamtes erweist sich im Nachhinein als fatale Fehleinschätzung. „Es gab kein Szenario einer Flut oder Sturzflut, dieser Begriff ist nicht gefallen", betont der Innenminister.

Um kurz nach 19.30 Uhr verlässt Lewentz den Krisenstab bereits wieder. Er habe nach Hause fahren wollen, „um erreichbar zu sein", gibt Lewentz an – zu Hause in Kamp-Bornhofen bei Koblenz habe er sich „fortlaufend" den ganzen

Abend lang informieren lassen. Von den Verwüstungen im Ahrtal habe er erst am folgenden Morgen erfahren – so sagt Lewentz es im August 2021 vor Journalisten in Mainz. Und doch gibt es da diese eine Begebenheit, die mindestens Fragen aufwirft, wenn nicht gar Zweifel sät.

Willi Willig und der Anruf beim Minister

Um 19.45 Uhr ist Willi Willig mit seinem Wagen aus Richtung Bad Ems kommend auf dem Weg ins Ahrtal. Willig ist seit 20 Jahren Journalist in der Region Koblenz-Bad Ems, er macht „Blaulicht"-Berichte, berichtet also viel über Polizeimeldungen wie Unfälle und andere kleine Katastrophen. Willig, der mit Vornamen eigentlich Markus heißt, aber von allen nur „Willi Willig" genannt wird, ist aktuell Chefredakteur beim Internet-Nachrichtenportal 56aktuell.de.

Er hat gehört, an der Ahr sei „Land unter" und will sich selbst einen Eindruck verschaffen, Filme drehen, berichten. Um 19.45 Uhr erkennt sein mitfahrender Sohn auf der Gegenspur der Autobahn auf einmal die Limousine des Innenministers. Willig kennt Lewentz von zahlreichen Terminen, beide sind in der gleichen Partei, und Willig besitzt die persönliche Handynummer des Ministers – jetzt ruft er ihn an.

Lewentz habe ihm dann gesagt, die Lage im Ahrtal sei „katastrophal und wirklich schlimm", so berichtet es Willig vor dem Untersuchungsausschuss zum Erstaunen der Parlamentarier. Lewentz habe ihm vom überspülten Campingplatz in Dorsel berichtet, und von katastrophalen Verhältnissen in Schuld: „Er hat mir unter anderem von einem eingestürzten Haus in Schuld berichtet", behauptet Willig.

Gleich zweimal muss der Journalist vor dem Untersuchungsausschuss Zeugnis ablegen zu dieser Episode – wie die zweite Vorladung zustande kommt, bleibt mysteriös. Anfang

September berichten plötzlich mehrere Medien, Willig habe sich im Innenministerium gemeldet – er wolle „Teile seiner Aussagen vom Freitag vor einer Woche klarstellen, weil diese missverständlich wiedergegeben worden seien." So zitiert etwa der Südwestrundfunk den Ausschussvorsitzenden Martin Haller.

Der Sozialdemokrat stellt später klar: Der Ausschuss sei selbst „auf der Grundlage vorliegender Unterlagen" zu dem Ergebnis gekommen, „dass eine erneute Vernehmung sinnhaft ist" und „eine Aussage Willigs mit Klarstellung gewünscht ist" – so sagt es Haller nach Willigs zweiter Vernehmung am 8. September ausdrücklich. Welche Unterlagen Grundlage dieser Entscheidung waren, sagt Haller nicht. Die Berichterstattung in der Presse sei dabei aber „nicht ausschlaggebend gewesen", betont er.

Willig selbst erzählt eine ganz andere Geschichte: Er habe sich in der Tat im Innenministerium gemeldet und um ein Gespräch mit Roger Lewentz gebeten, um Dinge klarzustellen – aber nicht die Sache mit dem eingestürzten Haus. Teile der Presse hätten behauptet, Lewentz hätte ihn vor steigenden Pegeln bis in den Morgen gewarnt, gar von Todesopfern berichtet. „Das war falsch, das ist Kappes, und das wollte ich klarstellen", betont Willig: „Da wir persönlich bekannt und per Du sind, wollte ich einfach sagen: ‚Du, Roger, so war es nicht, besorg dir das Protokoll, lies es nach.'"

Doch Willig bekommt keine Gelegenheit, mit Lewentz zu sprechen – stattdessen bekommt er eine erneute Vorladung vor den Untersuchungsausschuss. Und dort reitet Ausschussvorsitzender Haller wieder und wieder auf der Frage herum, ob denn der Minister wirklich von einem „eingestürzten" oder nur von einem „beschädigten" Haus in Schuld gesprochen habe – und ganz generell: Ob überhaupt so etwas erwähnt wurde?

Doch sooft es der Vorsitzende auch versucht – Willig bleibt bei seiner Geschichte: An den genauen Wortlaut könne er sich nicht mehr erinnern, „aber Ja: Wir haben über das Thema ‚ein kaputtes Haus' gesprochen", beharrt der Journalist: „Er hat mir gegenüber unter anderem von einem eingestürzten Haus, einem beschädigten Haus, einem weggespülten Haus berichtet." Welches der Adjektive es gewesen sei, sei ihm in dem Moment nicht wichtig gewesen.

Fluten, die Häuser wegreißen: ein Menetekel

Doch wichtig ist die Frage, und zwar in hohem Maße: Den Einsturz eines Hauses, verursacht durch eine reißende Flutwelle – so etwas hatte es bei allen Hochwassern in Rheinland-Pfalz in den vergangenen Jahrzehnten nicht gegeben. Für die Staatsanwaltschaft Koblenz ist es gar der markante Scheidepunkt: Eine Einsturzgefahr für Häuser habe 2016 nicht bestanden, heißt es in einer Analyse der Staatsanwaltschaft – das sei ein entscheidender Unterschied zu früheren Katastrophen.

Im September 2022 berichtet die Staatsanwaltschaft über die Ergebnisse eines hydrologischen Gutachtens, das sie selbst in Auftrag gegeben hat. Und darin heißt es klar und deutlich: Die prognostizierten Pegelstände hätten „ab 14.22 Uhr gereicht, um von einem Hochwasser größer als 2016 auszugehen". Sechs Stunden später, ab 20.22 Uhr, hätten die Behörden sogar „ein nochmals deutlich größeres Hochwasser als 2016" annehmen – und vor allem vor ihm warnen müssen. Spätestens ab diesem Zeitpunkt habe sich „das tatsächliche Hochwassergeschehen prognostizieren lassen."

Um kurz nach acht Uhr am Abend also, da wären noch rund drei Stunden Zeit gewesen, Menschen vor allem an der unteren Ahr vor der Flutwelle zu warnen und zu evakuieren.

Die verheerende Flutwelle wird Bad Neuenahr erst zwischen 23.00 Uhr und 23.30 Uhr, den Ort Sinzig an der Ahrmündung gar erst ab 02.00 Uhr früh erreichen. In diesem Abschnitt der Ahr sterben allein mehr als 80 Menschen.

Bei der Staatsanwaltschaft betont man, im Fokus stehe die Frage, „ob frühere Warnungen zu einer Vermeidung von Todesfällen geführt hätten." Es ist die Gretchenfrage, doch bis zum Frühjahr 2023 ermittelt die Staatsanwaltschaft Koblenz lediglich gegen zwei Personen: Den früheren Landrat des Kreises Ahrweiler, Jürgen Pföhler (CDU), sowie den Brand- und Katastrophenschutzinspekteur des Kreises Ahrweiler, Michael Zimmermann.

Ermittelt wird wegen des Anfangsverdachts der fahrlässigen Tötung und der fahrlässigen Körperverletzung im Amt, beides durch Unterlassen. Nicht ermittelt wird hingegen bis heute gegen Mitglieder der Landesregierung, etwa gegen Innenminister Roger Lewentz oder etwa den für Hochwasserwarnungen zuständigen Umwelt-Staatssekretär Erwin Manz – beide hätten warnen können: Im Ahrtal geht gerade die Welt unter, das hier ist kein „normales" Hochwasser mehr. Es ist gerade die Landesregierung, die Warnungen via überregionale Medien auslösen kann – und muss. Doch das geschieht nicht.

Die Staatsanwaltschaft definiert indes ganz genau, woran die Herren in Mainz den Unterschied zwischen einem Hochwasser und einer Großkatastrophe hätten erkennen können: Zwar seien auch 2016 etwa 800 beschädigte Häuser registriert worden, schreibt die Staatsanwaltschaft – eine Einsturzgefahr habe damals aber nicht bestanden. Die Frage, ob Lewentz schon um kurz vor 20.00 Uhr in der Flutnacht von einem eingestürzten Haus in Schuld wusste, ist also hochgradig relevant – und dass den Minister Nachrichten davon erreichen, ist sogar mehr als wahrscheinlich.

Gegen 19.00 Uhr steht Bürgermeister Helmut Lussi auf einer Klippe hoch oben über der Ahr – und muss hilflos mit ansehen, wie die Wellen ganze Häuser seines Dorfes mit sich reißen: „Ich habe gesehen, wie das Wasser über die Straße lief, und das erste Haus in den Fluten versank", berichtet er: „Das kann man sich nicht vorstellen – innerhalb von zwei bis drei Minuten war das komplette Haus weg. Dann kam das nächste Haus."

Sechs Häuser reißen die Fluten allein in Schuld mit sich, auch das solide gebaute Dorfgemeinschaftshaus. Der gesamte alte Teil des Ortes unten an der Ahr steht unter Wasser, am Ende drei Meter hoch. Wann genau Polizei und Feuerwehren davon erfahren, bleibt unklar. Heiko Schmitz, Leiter der Polizeiinspektion Adenau, wird gegen 21.00 Uhr von einer Polizeistreife unterrichtet, dass in Schuld „ganze Häuser weggeschwommen" seien" – die Kollegen sind fassungslos.

Es ist diese Nachricht, die jedem klarmacht, der sie hört: Das hier ist kein normales Hochwasser mehr. Und sie verbreitet sich wie ein Lauffeuer. Marcus Mandt ist Wehrleiter in Bad Neuenahr, eigentlich wäre er Mitglied im Krisenstab der Kreisverwaltung – doch Mandt muss sich in der Flutnacht um den aktiven Einsatz kümmern. In der Technischen Einsatzleitung schaut er das letzte Mal just zu dem Zeitpunkt vorbei, als Innenminister Lewentz zu Besuch kommt.

Mandt bekommt eine brisante Information mit: „Ich habe mitgekriegt, dass in Schuld ein Haus eingestürzt ist", so berichtet es Mandt später der Staatsanwaltschaft. Offenbar kursiert die schockierende Nachricht bereits – und wenn das so ist: Würde man sie dem gerade aufgetauchten Innenminister vorenthalten? Wohl kaum. Lewentz, Pföhler und Zimmermann werden im intensiven Gespräch miteinander beobachtet.

Danach verlässt Lewentz die TEL, nur wenige Minuten später ruft ihn auf der Autobahn Willi Willig an. Der berichtet dem Ausschuss, Lewentz habe ihm explizit geraten, er solle nach Dorsel zu dem überfluteten Campingplatz fahren – und nach Schuld. „Er sagte, ich müsse nach Schuld, weil dort mindestens ein Haus weggespült worden sei", versichert Willig.

Doch der Journalist kommt gar nicht mehr so weit: In Rech ist Schluss, die Straßen weiter oberhalb sind bereits dicht. An der alten historischen Nepomuk-Brücke dreht Willig mehrere Videos mit seinem Handy, das erste um 20.44 Uhr. Er stellt die Videos live auf Facebook, darunter auch eines, das zeigt, wie die rasenden Fluten einen Wohnwagen in Sekundenbruchteilen durch die Bögen der Brücke pressen – das Video macht die Wucht des Wassers schon jetzt restlos klar, und da ist die Ahr in Rech noch nicht einmal über die Ufer getreten.

Willi Willig wird gegen 21.00 Uhr von der Feuerwehr in Rech gewarnt, man werde jetzt die Brücke sperren. „Das Wasser stieg unheimlich schnell", erinnert sich der Journalist: „Die Feuerwehr sagte auch: So hoch war das noch nie, was soll da bloß noch kommen?" Am Ortsausgang von Rech sei schon die Straße überspült gewesen. Willig liest dann noch eine Frau und zwei Kinder auf, die vergeblich auf ihren Mann und Vater warten. „Die habe ich bis Dernau mitgenommen", berichtet Willig.

Doch auch hier steigt das Wasser bereits rasend schnell: „Wir waren nachher bis zur Motorhaube im Wasser kurz vor Dernau", berichtet Willig, „ich habe mir die ganze Technik kaputtgefahren, denn das Wasser wurde immer tiefer." Willig erreicht die Tankstelle in Dernau, die Feuerwehr will ihn auf das Dach „evakuieren" – er lehnt ab. Es ist sein Glück: Dernau und die Tankstelle werden am nächsten Tag ein Trümmerfeld sein, die Menschen in Dernau endlose Stunden eines Alptraums erleben.

Willig lässt sich von der Feuerwehr durch die Weinberge lotsen, um 21.34 Uhr geht er bereits in Bad Neuenahr wieder mit einem Video live. „Ich habe in den Videos immer wieder gesagt: Das hier ist eine Katastrophe, und von oben kommt enorm was runter", betont Willig. Um kurz vor Mitternacht wird er in einem weiteren Video von „dramatischen Szenen" aus dem Ahrtal berichten, von eingeschlossenen Menschen, von Personen, „die in Autos abgetrieben werden, den Warnblinker noch an, die Ahr runtertreiben …"

Innenminister Lewentz weilt da bereits seit Stunden in seinem Heim in Kamp-Bornhofen. Dem Ausschuss berichtet er, er habe an dem Abend noch telefoniert und SMS-Nachrichten empfangen. Tatsächlich erreichte den Minister um 21.45 Uhr eine Textnachricht aus der Region Bitburg-Prüm: Die Situation dort zeichne sich „drastischer als 2018" ab.

Lewentz informiert darüber umgehend in einer SMS die Ministerpräsidentin. Zu Malu Dreyer hält Lewentz an diesem Abend engen Kontakt – nicht jedoch zu Umweltministerin Anne Spiegel oder aber zu irgendeinem anderen Zuständigen aus dem Bereich Umwelt oder Hochwasser. Zwischen dem Umwelt- und dem Innenministerium herrscht Funkstille.

Kapitel 10: Funkstille, Imagesorgen und Blame Games

Um 17.00 Uhr sitzt die Umweltministerin von Rheinland-Pfalz, Anne Spiegel, im Plenum des Mainzer Landtags. Eine halbe Stunde zuvor hat die Ministerin von den Grünen eine Rede zum Thema „Starkregen und Überschwemmungen in Rheinland-Pfalz" gehalten. Schon während ihrer Rede und der Debatte wird es unruhig im Plenum, die Abgeordneten und Minister schauen auf ihre Handys, tuscheln, gehen telefonieren. „Auch bei mir kommen aktuell stündlich Bilder an", sagt der Landtagsabgeordnete Marco Weber (FDP) aus der Eifel: „Die Situation bei mir im Landkreis ist stellenweise desaströs."

Auch Spiegel warnt in ihrer Rede eindringlich: „Die Situation in der Eifel spitzt sich gerade weiter zu, das ist eine absolut ernst zu nehmende Situation." So sagt es die Ministerin wörtlich, und appelliert: „Informieren Sie sich, nehmen Sie die Situation ernst!"

Zu diesem Zeitpunkt stehen an der oberen Ahr bereits Campingplätze unter Wasser, Menschen müssen von den Dächern ihrer Wohnwagen gerettet werden. Die Bilder erreichen auch das Landtagsplenum: Innen-Staatssekretär Randolf Stich zeigt sie während des Plenums Spiegels Staatssekretär Erwin Manz. Ministerpräsidentin Malu Dreyer (SPD) beugt sich zu Spiegel, die Frauen sprechen im Flüsterton miteinander über die Lage. Dreyer will wissen, ob die Staatssekretäre Manz und Stich miteinander in Kontakt stünden – so erzählt Spiegel es vor dem Untersuchungsausschuss. Sie bejaht.

Um 16.42 Uhr, nach Spiegels Rede, gibt ihr eigenes Umweltministerium eine Pressemitteilung zu der Debatte im Landtag heraus, in der es wörtlich heißt: „Wir nehmen die

Lage ernst, auch wenn kein Extremhochwasser droht." Im nächsten Satz geht es um die Hochwasserlage an Rhein und Mosel, auch von Überflutungen an kleineren Flüssen ist die Rede – die Ahr wird nicht erwähnt. Zu diesem Zeitpunkt sterben bereits die ersten Menschen an der oberen Ahr, stehen Landwirte bis zur Brusthöhe im schnell steigenden Wasser des Flüsschens.

Erst um 17.17 Uhr ruft das Landesamt für Umwelt die höchste Hochwasser-Warnstufe aus und prognostiziert einen Pegelstand von mehr als fünf Metern für die Ahr. Die Flutwelle an der Ahr wird sich in dieser Nacht auf neun Meter und mehr auftürmen, sie wird Häuser und Brücken hinwegreißen, Menschen in den Tod spülen und eine Trümmerwüste hinterlassen.

Am nächsten Morgen, dem 15. Juli, schreibt der stellvertretende Regierungssprecher – Spiegels Ex-Pressesprecher – eine Chatnachricht an die Ministerin: „Die Starkregen-Katastrophe wird das beherrschende Thema dieser und nächster Woche sein. Anne braucht eine glaubwürdige Rolle." Spiegel solle medienwirksame Ortstermine durchführen: „Anne bei Reparaturarbeiten, bei Hochwasserschutzprojekten, dort, wo neue Gefahren drohen." Um 8.07 Uhr antwortet die Ministerin: „Das deckt sich mit meinen Überlegungen, plus: das Blame Game könnte sofort losgehen, wir brauchen ein Wording, dass wir rechtzeitig gewarnt haben, ich im Kabinett."

Und dann schreibt die Ministerin noch mit Blick auf Innenminister Lewentz: „Ich traue es Roger zu, dass er sagt, die Katastrophe hätte verhindert werden können oder wäre nicht so schlimm, wenn wir als Umweltministerium früher gewarnt hätten, und dass es an uns liegt, weil wir die Situation unterschätzt hätten."

Zu diesem Zeitpunkt sitzen noch Menschen an der Ahr auf den Dächern ihrer Häuser und müssen aus der Luft gerettet werden. Das Ausmaß der Katastrophe ist noch völlig unklar, klar ist indes: Die Lage ist katastrophal.

„Bitte die Campingplatzbetreiber noch gendern"

Als Ministerin Spiegel am 11. März 2022 vor den Untersuchungsausschuss in Mainz tritt, haben Medien diese Chatprotokolle gerade öffentlich gemacht – allen voran der Focus. Spiegel wurde im Dezember 2021 überraschend Bundesministerin für Familie in Berlin, nun staunt die Republik über eine Ministerin, die im Angesicht des Ausnahmezustands scheinbar vorrangig an ihr eigenes Image denkt.

Um 21.00 Uhr betritt Spiegel an einem Freitagabend den Plenarsaal in Mainz, in dunkelgrauem Anzug, mit schwarzem Pullover und schwarzer Maske. Angeschlagen sieht sie aus, sie schaut nach unten und zur Seite, sagt kein Wort zu den wartenden Fotografen im Saal – auch die Maske nimmt sie nicht ab.

Mit brüchiger Stimme spricht die Ministerin, betont als erstes ihr „aufrichtiges Beileid und tiefes Mitgefühl" mit allen Opfern der Flutkatastrophe. „Ich weise entschieden zurück, dass ich zu irgendeinem Zeitpunkt eine andere Priorität hatte, als die Menschen im Tal zu schützen", hebt Spiegel explizit hervor: „Das war die einzige Priorität."

In gestelzten, offensichtlich vorbereiteten Sätzen berichtet die Ministerin, wie sie an dem Tag im Plenum saß, ihre Rede hielt, die besagte Pressemitteilung freigab, die um 16.43 Uhr rausging. Um 15.56 Uhr habe sie die Pressemitteilung abgesegnet, berichtet Spiegel, ihre einzige Anmerkung laut Chatprotokoll: „Bitte die Campingplatzbetreiber noch gendern." Gegen den Satz „... dass kein Extremhochwasser droht", erhebt sie keine Einwände.

Dabei kommt irgendwann um diese Zeit am Rande des Plenums Innenstaatssekretär Randolf Stich auf die Ministerin zu: „Anne, wir haben eine Lage", habe Stich gesagt, so berichtet es Spiegel dem Ausschuss: „Wir müssen Menschen von einem Campingplatz aus der Luft evakuieren."

Sie sei „betroffen" gewesen, habe sich „Sorgen um die Menschen gemacht und gefragt: Braucht ihr noch Infos?" Stich habe abgewehrt: „Nein, das ist jetzt Katastrophenschutz", soll der Staatssekretär gesagt haben. Zweimal habe sie vorgeschlagen „rauszufahren", betont Spiegel, beide Male habe ihr eigener Staatssekretär Erwin Manz erklärt, „dass das jetzt nicht unsere Zuständigkeit ist."

„Die Regularien müssen ganz streng beachtet werden"

Der Staatssekretär ist offenbar peinlich genau darauf bedacht, Abstand zum Innenministerium und dessen Katastrophenmanagement zu halten. Gleich mehrfach spricht Manz bei seiner eigenen Vernehmung vor dem Untersuchungsausschuss von „Ressortzuständigkeit" und Alarmketten, die ganz genau eingehalten werden müssten. „Es macht überhaupt keinen Sinn, da als Staatssekretär reinzugrätschen", sagt er an einer Stelle: „Die Regularien müssen ganz, ganz streng beachtet werden."

Staatssekretäre haben in Ministerien eine absolute Schlüsselfunktion, sie sind zuständig für das operative Geschäft sowie für den Kontakt zu anderen Ministerien – und sie sind die wichtigsten geschäftsführenden Beamten ihrer Minister.

Der 62 Jahre alte Biologe Erwin Manz war fünf Jahre lang Leiter der Fachabteilung Wasserwirtschaft im Mainzer

Umweltministerium, bevor ihn Anne Spiegel am 18. Mai 2021 zum Staatssekretär macht. Nur zwei Monate später bricht die Flutkatastrophe über das Ahrtal herein. Spiegel – zuvor Ministerin für Integration und Familie – ist noch weitgehend fachfremd in Sachen Pegelstände und Hochwasser, Manz ist es nicht. Gegen 11.00 Uhr liegt ihm ebenso wie Spiegel ein grundlegender Bericht aus dem Landesamt für Umwelt zur Lage vor, schon dieser warnt vor erheblichem Hochwasser.

Bei Manz laufen an jenem Nachmittag im Landtagsplenum auch die weiteren Informationen zusammen. Um 17.34 Uhr erhält er eine Nachricht von seinem Hochwasserreferenten, „dass sich die Lage zuspitzt", berichtet er vor dem Untersuchungsausschuss. Staatssekretär Stich zeigt ihm Bilder vom überfluteten Campingplatz an der oberen Ahr, von Menschenrettung aus der Luft. Zwischen 17.30 Uhr und 18.00 Uhr „war der Wendepunkt, wo ich wahrgenommen habe, das ist schon ein Extremereignis", gibt Manz zu Protokoll.

Doch Anlass zu eigenem Handeln sieht Manz offenbar nicht – im Gegenteil: Um 18.37 Uhr wird Manz von der Pressesprecherin des Umweltministeriums in einer E-Mail drauf hingewiesen, dass sich die vor zwei Stunden verschickte Pressemitteilung überholt habe, weil inzwischen die Pegelstände explodieren. „Müssen wir jetzt was machen?", fragt die Pressesprecherin mit großer Dringlichkeit. Manz antwortet fast 20 Minuten später: „Heute nicht. Bei Fragen zu Pegelständen bitte ans Landesamt für Umwelt verweisen."

Wieso korrigiert der Staatssekretär die Pressemitteilung nicht, in der es doch gerade noch hieß: „Ein Extremhochwasser droht nicht"? Wie verträgt sich das mit seiner eigenen Aussage, er habe just zu diesem Zeitpunkt verstanden, dass hier „ein Extremereignis" ins Hause steht? Eine Pressemitteilung habe einen „ganz allgemeinen Charakter" und sei nicht

Teil der Warnkette, verteidigt sich Manz bei seiner Vernehmung vor dem Untersuchungsausschuss.

Dass Pressemitteilungen Medien erreichen und diese Medien Menschen vor Ort informieren, mithin eine Schlüsselrolle bei Warnungen vor Katastrophen spielen – das spielt bei Manz offenbar überhaupt keine Rolle. Immer öfter werden Medien vonseiten der Politik als „der Feind" gesehen, der unliebsame Nachfragen stellt, nicht als Partner zur Informationsverbreitung an die Bevölkerung. Für deren Information fühlt sich Manz ohnehin nicht zuständig: „Das ist einfach nicht unser Zuständigkeitsbereich, Warnungen an die Bevölkerung zu geben", verteidigt sich der Staatssekretär bei seiner Vernehmung.

Zuständigkeiten, das ist hier wichtig. Kontakt mit den Medien nimmt der Staatssekretär folglich nicht auf, auch seine Ministerin tut nichts dergleichen. Spiegel sei aber „sehr besorgt" gewesen, berichtet Manz. Ministerpräsidentin Dreyer wird in der Nacht ihrem Innenminister in einem Chat schreiben: „Sie (Anne Spiegel) ist ja echt ein bisschen nervös."

Trotz der sich zuspitzenden Lage geht Staatssekretär Manz nach der Plenumssitzung einfach nach Hause. Er habe „vielleicht etwas gegessen, vielleicht auch im Büro etwas erledigt", berichtet er dem Ausschuss, auch „immer wieder ins Handy geschaut" – es sei „nicht ein Feierabend gewesen, wie man ihn kennt." Er habe „sehr viel telefoniert", behauptet Manz, doch in seinen Telefonlisten, die er dem Ausschuss vorlegen muss, ist bis 22.19 Uhr kein weiterer Anruf auf dem Diensthandy des Staatssekretärs verzeichnet. Dann ruft ihn der leitende Beamte vom Hochwassermeldedienst an, Thomas Bettmann, mit verstörenden Nachrichten von der Ahr.

Um 22.00 Uhr hatte Bürgermeisterin Cornelia Weigand dem ahnungslosen Bettmann von einem Wasserstand von „um die sechs Meter" berichtet, von vorbeischwimmenden

Autos und unter Wasser stehenden Häusern mit eingeschlossenen Menschen. Bettmann gibt diese Infos umgehend in einer E-Mail an seine Chefs weiter, an den Krisenstab der ADD – und an Manz und Spiegel.

Manz reagiert sofort, fünf Minuten später ruft er Bettmann an, fragt nach den Pegeln, sie rätseln, ob ein Rückhaltebecken übergelaufen sein könnte – absurd, angesichts der wahren Lage. Weitere fünf Minuten später kontaktiert Manz das Lagezentrum im Innenministerium. Dort habe man ihm signalisiert, man wisse Bescheid, alle Kräfte seien im Einsatz, so berichtet es Manz. Auf die Idee, Innenminister Lewentz persönlich anzurufen, oder gar Ministerpräsidentin Dreyer, kommt Manz offenbar nicht.

Dramatischer Appell zur Menschenrettung – gab es ihn?

Auch mit seinem Staatssekretärskollegen Stich hat Manz in dieser Nacht keinerlei direkten Kontakt oder gar Austausch – dabei hatte doch Dreyer explizit darauf gedrungen, dass die beiden Amtschefs im Austausch stehen. Es ist sogar ihre Hauptverteidigungslinie: Sie habe sich darauf verlassen, dass die beiden Amtschefs „in Kontakt stehen", die Dinge regeln, gibt Dreyer zu Protokoll – also alles gut im Management?

Nur ein einziges Mal leitet Manz Informationen an den Kollegen Stich weiter, in einer E-Mail um 23.00 Uhr. Darin schildert Manz den verzweifelten Anruf von Bürgermeisterin Cornelia Weigand mit ihren dramatischen Schilderungen von weggerissenen Autos und sechs Meter hohen Fluten. „Hoffentlich kommt diese Nacht niemand zu Schaden", schreibt Manz noch – für Warnungen fühlt er sich auch weiterhin nicht zuständig.

Immerhin: Manz ruft das Lagezentrum im Innenministerium an und schildert den Anruf Weigands. Und er hinterlässt „den dringenden Appell: Schickt alle Einsatzkräfte, dass alles getan wird, diese Menschen zu retten" – so jedenfalls behauptet es Manz. Im Lagezentrum des Innenministeriums kann oder will man sich an den dramatischen Appell des Staatssekretärs nicht recht erinnern – dabei sei es ausgesprochen selten, dass sich hier überhaupt so ein hochrangiges Mitglied der Regierung aus einem anderen Hause melde.

Manz' Anruf löst jedenfalls keine weiteren Aktionen aus, das Umweltministerium hingegen feiert den Anruf bereits als großes Engagement des Staatssekretärs: Manz habe damit schon „mehr getan, als innerhalb der Hochwassermeldeketten vorgesehen ist", betont das Ministerium – er habe schließlich „über die in den Meldeketten festgelegten Informationspflichten" hinaus Informationen weitergegeben. Was mit diesen Informationen passiert, ob nun wirklich alle Hebel zur Rettung in Bewegung gesetzt werden – Manz weiß es nicht.

„Erwin Manz war die Schlüsselfigur im Umweltministerium in der Flutnacht, über seinen Schreibtisch liefen die Dinge", betont FW-Obmann Stephan Wefelscheid. Doch der Staatssekretär habe „Flucht vor der Verantwortung" begangen, sei passiv geblieben und habe eben niemanden über die Bedeutung der Pegelprognosen oder der drohenden Wassermassen aufgeklärt, schimpft Wefelscheid: „Wer als Fachmann den Ernst der Lage nicht erkennt, hat auf der Position nichts verloren."

Doch Manz hat bis zu diesem Zeitpunkt nicht einmal mit seiner eigenen Ministerin Kontakt gehalten. Jetzt versucht er sie zu erreichen – sein Anruf um 22.24 Uhr allerdings geht ins Leere. Die Ministerin antwortet nicht. Auf die Frage, ob er wisse, was Spiegel im Anschluss an die Plenarsitzung gemacht habe und wo sie sich aufgehalten habe, sagt Manz:

„Nein, weiß ich nicht." Der wichtigste Manager der Ministerin weiß in so einer Nacht der Hochwasser-Katastrophe nicht, wo seine Chefin ist.

Die Ministerin, die nicht erreichbar ist

Anne Spiegel gibt im Ausschuss zu Protokoll, sie sei nach dem Plenum an jenem 14. Juli Abendessen gewesen, und zwar mit Bernhard Braun, dem Fraktionschef der Grünen im Mainzer Landtag. Braun ist Spiegels langjähriger Förderer, er hat sie groß gemacht, sie unterstützt, ja: gepuscht. Das Treffen sei „lange vorher" ausgemacht gewesen, sagt Spiegel – „lange vorher" stellt sich als etwa eine Woche heraus.

Man habe sich über die Plenarsitzung unterhalten wollen und auch über den Ausbau Erneuerbarer Energien, tatsächlich aber sei es vor allem um die Hochwasserlage gegangen, berichtet Spiegel. Der Abend sei anders verlaufen als geplant: „Uns ging es darum, dieses dienstliche Gespräch zu führen, kurz was zu essen, aber nicht lange." Sie habe dann aber gar nicht viel essen können, sie sei „sensibilisiert, fokussiert gewesen, vielleicht auch besorgt", sagt sie.

Nach dem Essen fährt Spiegel in ihre Mainzer Zweitwohnung, dort habe sie „zunächst [ihre] Mails gecheckt, war dann auch im Internet", berichtet sie dem Ausschuss. Nach eigenen Angaben sucht sie nach Informationen zum Hochwasser im Internet. Mit ihrem Staatssekretär, eigentlich ihre wichtigste Informationsquelle, telefoniert sie dafür aber nicht, auch nicht mit Sabine Riewenherm, der Leiterin des Landesamtes für Umwelt.

Um 21.27 Uhr geht in der Chatgruppe mit ihren engsten Mitarbeitern eine ausführliche dpa-Meldung über die Ausrufung des Katastrophenfalls in der Vulkaneifel mit weiteren dramatischen Details ein – Spiegel reagiert nicht. „Ich gehe davon aus, dass ich irgendwann um diesen Zeitraum in meiner Wohnung gewesen sein muss“, sagt sie – es klingt reichlich vage. Dann kommt Manz’ Anruf um 22.24 Uhr, doch die Ministerin geht nicht ans Telefon.

„Nach meiner Erinnerung habe ich Erwin Manz dann zurückgerufen“, gibt Spiegel schließlich zu Protokoll. Wann genau das gewesen sei? Die Ministerin erinnert sich nicht. „Ich bin mir ziemlich sicher, meiner Erinnerung nach, kann ich mir das an dem Abend überhaupt nicht anders vorstellen, dass ich den Anruf gesehen habe und zurückgerufen habe“, sagt sie. Sie sei „eine Nachteule“ und ohnehin noch auf gewesen, sagt Spiegel, bis zwei Uhr morgens sei sie wach gewesen, habe telefoniert. Mit wem sie sonst noch telefoniert hat, daran kann sich Spiegel gut erinnern: Mit ihrem Mann in Speyer. Das Gespräch sei aber nur „mittellang“ gewesen, denn er sei ziemlich müde gewesen.

Die unruhige Ministerin, die sich so viele Sorgen macht und so viel telefoniert, reagiert dennoch nicht gleich auf Manz’ Anruf. Um 22.33 Uhr geht eine E-Mail mit dem Bericht von Bettmann ein, sie enthält die dramatischen Schilderungen von Cornelia Weigand über die Lage an der Ahr. Erst danach reagiert Spiegel auf den Anruf ihres Staatssekretärs, so berichtet sie es zumindest. Der Inhalt der E-Mail sei „sehr, sehr besorgniserregend“ gewesen, betont Spiegel mehrmals. Trotzdem sei das Telefonat mit Manz „nur ein sehr kurzes Gespräch gewesen“, sagt sie: Es sei darin um den Inhalt der E-Mail gegangen, Manz habe sicherstellen wollen, dass sie die Nachricht gesehen habe.

Manz selbst hatte zuvor berichtet, Spiegel müsse ihn wohl gegen 22.30 Uhr zurückgerufen haben – vielleicht aber auch erst um 23.00 Uhr. Und auch er berichtet: „Das kann nicht sehr lange gewesen sein, das war ein kurzer, prägnanter

Austausch." Trotz der eskalierenden Lage, trotz der neuen, dramatischen Informationen, trotz der Unruhe der Ministerin bleibt es bei diesem einen, sehr kurzen Austausch von wenigen Minuten.

Pikant dabei auch: In den Akten des Untersuchungsausschusses findet sich von dem Telefonat keine Spur, es taucht in keinem Verbindungsprotokoll auf, weder in den Daten des Staatssekretärs noch der Ministerin. Ob es das Telefonat tatsächlich gegeben hat – überprüfen lässt sich das nicht.

Sichtbare Konsequenzen hat das Telefonat auch nicht: Aktiv wird die Ministerin nicht. Weder versucht sie, Innenminister Lewentz zu erreichen, noch nimmt sie Kontakt mit Ministerpräsidentin Dreyer auf. Ihre Minister wüssten, dass sie „jederzeit erreichbar sei", wird Dreyer später aussagen. Warum haben Spiegel und Dreyer in der Nacht dann kein einziges Mal Kontakt? Und warum vergewissert sich die für Hochwasserwarnungen zuständige Umweltministerin nicht, ob die Nachrichten auch bei denen ankommen, die in Gefahr schweben?

Wissen die Menschen im Ahrtal von der Flutwelle? Hat sie jemand gewarnt? Sind die Medien informiert? Läuft der Katastrophenschutz auf Hochtouren? Was die Ministerin dazu in dieser Flutnacht sagt oder denkt, bleibt ihr Geheimnis. Zeit hat sie jedenfalls: In den folgenden gut 3,5 Stunden gibt sie an, weiter telefoniert zu haben, bis nachts um zwei.

Außer ihrem Mann ist ihr Telefonpartner vor allem Bernhard Braun, den sie doch gerade erst beim Abendessen gesehen hatte. Das sei „auf jeden Fall" ein längeres Telefonat gewesen, berichtet Spiegel: „Ich war mir sicher, dass er noch wach ist und ich mich mit ihm austauschen kann." Trotzdem kann sie sich vor dem Ausschuss nicht recht daran erinnern, was denn der Inhalt des Gesprächs gewesen sei. „Ich erinnere mich nicht mehr genau“, sagt Spiegel nach längerem Zögern, „es war jetzt nicht ein kurzes Telefonat.“

„Brauchen ein Wording, dass wir rechtzeitig gewarnt haben“

Trotz der dramatischen Lage ist Spiegel aber auch am Morgen des 15. Juli offenbar nur schwer erreichbar. Malu Dreyer schreibt bereits um 5.58 Uhr: „Liebe Anne, die Lage ist heute Nacht eskaliert, Du hast sicher von Deinen Leuten schon einen Bericht.“

Die Ministerpräsidentin bekommt erst einmal ebenso wenig eine Antwort wie zwei Stunden später der Staatssekretär: Um 7.52 Uhr und 7.53 Uhr versucht Manz, die Ministerin telefonisch zu erreichen, wieder laufen seine Anrufe ins Leere. Um 7.30 Uhr antwortet Spiegel der Ministerpräsidentin: „Liebe Malu, ja bin informiert, die Lage ist dramatisch. Meine Leute sind am Überlegen, ob ich nicht raussollte.“

Wann genau sie wach geworden sei, wisse sie nicht mehr, sagt Spiegel, sie sei „mit sehr großer Wahrscheinlichkeit beschäftigt gewesen, zu telefonieren“, mit wem, sagt sie nicht. Ab 7.54 Uhr folgt dann der Nachrichtenaustausch mit dem stellvertretenden Regierungssprecher, es fallen die Überlegungen zum Image und die Passage mit dem „Blame Game“. Spiegel fügt noch hinzu: „Brauchen ein Wording, dass wir immer rechtzeitig gewarnt haben.“

Vor dem Ausschuss bestätigt Spiegel: Ja, es habe diese Nachrichten gegeben. Es habe dazu aber „gar keine weitere Kommunikation und schon gar keine Aktivitäten in diese Richtung gegeben.“ Die Nachrichten seien zudem nur zwei Meldungen „unter Tausenden“ gewesen, behauptet Spiegel, die Opposition widerspricht: Es habe keine „Tausenden“ Nachrichten gegeben, ja nicht einmal Hunderte.

Die Ministerin habe eben nicht umfassend kommuniziert und sie habe sich nicht darum gekümmert, ob die Menschen im Ahrtal gewarnt seien, schimpft die Opposition. Eine vernünftige Abstimmung zwischen den Regierungsmitgliedern habe es in der Flutnacht ganz offensichtlich nicht gegeben – stattdessen herrschten Misstrauen und Rivalitäten in der Ampel-Regierung zwischen Grünen und SPD.

Spiegel bleibt dennoch dabei: Ihr Fokus habe auf den Fragen gelegen, „wie geht es den Menschen vor Ort, und wie können wir den Menschen helfen." Doch auch weitere Chatverläufe der Ministerin drehen sich an diesem Tag zwei der Katastrophe vor allem um ein Thema: ihren Besuch im Hochwassergebiet. Um 9.55 Uhr fragt Dreyer sie an: „Du fährst nach Trier?" Spiegel antwortet, das stehe noch nicht fest. Um 9.59 Uhr schreibt sie vorwurfsvoll in ihre eigene Chatgruppe: „MP wusste schon vom Plan, dass ich nach Trier fahre, keine Ahnung woher sie das weiß."

Tatsächlich fährt Spiegel am Mittag des 15. Juli nach Trier-Ehrang, ein geplanter Termin an einem noch intakten Hochwasserkonstrukt fällt ins Wasser, weil der Stadtteil Ehrang evakuiert werden muss. Spiegel nimmt an einer Pressekonferenz vor Ort teil – ins Ahrtal sei sie nicht gefahren, um den Rettungskräften nicht im Weg herumzustehen, verteidigt sie sich. Vier Tage später warnen ihre Leute erneut: Es brauche jetzt „wirklich ein Wording, was sagen wir, wenn die Fragen kommen: was haben wir getan, haben wir wirklich rechtzeitig gewarnt?"

Denn inzwischen dämmert es den Verantwortlichen im Umweltministerium, dass mitnichten alles rund lief. Eine wesentliche Warn-E-Mail an die Landkreise an der Ahr wurde am 14. Juli nicht verschickt – das System sprang nicht an, weil die Mitarbeiter im Landesamt die Warnklassen von Hand hochstuften und dabei eine Stufe übersprangen.

Am 21. Juli schlägt die Pressesprecherin im Ministerium Alarm: Der Südwestrundfunk wolle genau wissen, welchen Landkreisen welche Warnmeldungen zugegangen seien, schreibt sie unter anderem an die Ministerin. Sie habe aufgrund der Informationen aus der Fachabteilung und vom Umweltamt geantwortet, „dass alles geklappt hat", schreibt die Sprecherin weiter. Nur sei das jetzt „so nicht mehr haltbar", warnt sie: „Jetzt die Information zu erhalten, dass dies so nicht erfolgt ist, ist unterirdisch."

Pannen beim Warnsystem – die Angst der Ministerin vor dem „Blame Game" ist offenbar alles andere als unbegründet. In der Folge ist im Ministerium sogar von „fehlendem Risikobewusstsein" die Rede und von „Versuchen, Fehler abzuschieben". Es wird nicht das letzte Mal sein. Die Opposition in Mainz schäumt: Sie wirft der Ministerin „Desinteresse, Unkenntnis und Inkompetenz" vor. „Es ging um Wording statt Wahrheit", kritisiert CDU-Landeschef Christian Baldauf. Die Ministerin habe ihr Haus nicht im Griff gehabt, weil sie sich nicht gekümmert habe, „ihr Handeln war schlicht verantwortungslos", wettert er – Spiegel sei im Amt nicht mehr zu halten. In Spiegels Haus weist man das empört zurück. Bei der Parteispitze der Grünen findet man den Auftritt ihrer Ministerin vor dem Untersuchungsausschuss „voll überzeugend" – noch.

Just am Tag von Spiegels Vernehmung vor dem U-Ausschuss war eine Fotostrecke von ihr in der Süddeutschen Zeitung erschienen – ausgerechnet mit dem Titel: „Sagen Sie jetzt nichts." Die Zeitung bittet unter diesem Motto regelmäßig Politiker zum pantomimischen Fotoshooting, Spiegel präsentiert sich dabei als fürsorgliche Mutter, toughe Feministin und eingefleischte Grüne. Das Motto „Sagen Sie jetzt nichts" habe die Ministerin auch bei ihrer Vernehmung wörtlich genommen, schimpfen die Freien Wähler: „Für die Menschen im Ahrtal, die unfassbare Verluste zu verkraften haben, klingt das sehr zynisch."

Ein Urlaub und ein höchst verstörender Auftritt

Im April 2022 muss die nordrhein-westfälische Umweltministerin Ursula Heinen-Esser (CDU) zurücktreten. Heinen-Esser war während der Flutkatastrophe in den Städten Nordrhein-Westfalens zuständig gewesen, bereits zwei Tage nach der Katastrophe, die auch 180 Gemeinden in NRW zum Teil schwer trifft, reist sie jedoch am 16. Juli nach Mallorca – um dort den Geburtstag ihres Mannes zu feiern. Nach massivem öffentlichem Druck im Vorfeld der anstehenden Landtagswahl in NRW legt die Ministerin das Amt nieder.

Wenige Tage später bebt auch in Mainz die politische Landschaft: Die BILD berichtet, Spiegel sei nur zehn Tage nach der Flut, also am 24. Juli 2021, mit ihrer Familie nach Frankreich in den Urlaub gefahren – und zwar für satte vier Wochen. Im Mainzer Umweltministerium bestätigt man den Vorgang, betont aber zugleich: Die Ministerin sei „stets erreichbar gewesen" und habe an den Kabinettssitzungen des rheinland-pfälzischen Ministerrats per Telefon oder Video teilgenommen. Am 10. August habe Spiegel dann für einen Tag ihren Urlaub unterbrochen – um eine wiederaufgebaute Kläranlage in Dümpelfeld im Kreis Ahrweiler zu besuchen.

Die Opposition in Mainz ist fassungslos: Die Umweltministerin, zuständig unter anderem für Abfallentsorgung und Trinkwasser im Ahrtal, fährt ungerührt nach Südfrankreich in den Urlaub, während im Ahrtal Tausende vor den Trümmern ihrer Existenz stehen – was sei denn das bitte für ein Amtsverständnis? Selbst CDU-Chef Friedrich Merz twittert: „Es beweist sich erneut: Für Frau Spiegel waren Urlaub und das eigene Image wichtiger als das Schicksal der Menschen an der Ahr." Bundeskanzler Olaf Scholz (SPD) müsse die Ministerin umgehend entlassen, fordert Merz – der Skandal hat das politische Berlin erreicht.

Nun hagelt es Vorwürfe und Angriffe gegen die Grüne aus Rheinland-Pfalz: Spiegel sei eine „Fehlbesetzung für das Ressort, das ihr anvertraut wurde", schimpft CDU-Generalsekretär Mario Czaja in Berlin: „Es scheint unerheblich, ob sie im Urlaub ist oder nicht. Aktiv wird sie nie."

Am 10. April tritt Anne Spiegel die Flucht nach vorne an – oder besser: Sie versucht es. Mit einem überraschenden Live-Auftritt am Sonntagabend vor Pressevertretern in Berlin versucht die Bundesfamilienministerin, den massiven Rücktrittsforderungen gegen sie den Wind aus den Segeln zu nehmen. Es wird ein verstörender Auftritt, der das politische Berlin mehr als ratlos und die Republik fassungslos zurücklässt.

„Das war ein Fehler, dass wir solange in Urlaub gefahren sind. Und dass wir in Urlaub gefahren sind", sagt Spiegel nun wörtlich, sie sagt es mit brüchiger und stockender Stimme: „Ich bitte für diesen Fehler um Entschuldigung." Aber sie habe „für ihre Familie da sein müssen" – denn ihrer Familie sei es nicht gut gegangen, vor allem nicht ihrem Mann.

Und dann erfährt die staunende Öffentlichkeit höchst Privates aus dem Leben der Ministerin: Spiegels Mann, der sich als Hausmann eigentlich um die vier Kinder kümmert, hatte im März 2019 einen schweren Schlaganfall, der habe „dazu geführt, dass mein Mann ganz unbedingt Stress vermeiden musste", sagt Spiegel in ihrem Statement. Die Corona-Pandemie aber sei für sie als Familie mit vier kleinen Kindern „eine wahnsinnige Herausforderung" gewesen, „die die Kinder auch ganz klar mit Spuren versehen hat", so schildert es Spiegel weiter.

Spiegel und ihr schottischer Ehemann haben vier Kinder, das jüngste ist zu diesem Zeitpunkt im Kindergartenalter, die drei anderen sind alle in der Grundschule. In Mainz galt die junge Mutter als Powerfrau, noch als Ministerin hatte sie Kind Nummer vier geboren und mehrere Wochen Mutterschaftsurlaub genommen – die Grünen hatten sie dafür gefeiert.

Doch Ministerin und vierfache Mutter war offenbar nicht genug. Am 25. November 2020 muss die grüne Umweltministerin Ulrike Höfken in Mainz wegen des Vorwurfs einer jahrelangen rechtswidrigen Beförderungspraxis zurücktreten – von mindestens 160 Beförderungen ist die Rede, bei denen nicht nach Eignung, sondern nach Parteibuch entschieden wurde. Selbst das Oberverwaltungsgericht Koblenz spricht von „Ämterpatronage", „Willkür" und Stellenbesetzungen nach „Gutsherrenart".

Der Rücktritt kommt für die Ampel-Koalition in Mainz zur Unzeit: Am 14. März 2021 stehen Landtagswahlen vor der Tür – wer soll in dieser kurzen Zeit das Ministerium übernehmen? Nach zwei Tagen ist die Entscheidung gefallen: Anne Spiegel greift neben ihrem Ministerium für Familie, Frauen, Jugend und Integration auch nach dem zentralen Umweltressort.

„Ich werde dann Ministerin für Familie, Frauen, Jugend, Integration, Verbraucherschutz, Umwelt, Energie, Ernährung und Forsten", sagte die 39-Jährige auf der Pressekonferenz am 27. November, „da muss man erst einmal tief Luft holen." Ganz nebenbei ist Spiegel auch noch Spitzenkandidatin ihrer Partei für die Landtagswahl – von dem Schlaganfall ihres Mannes, von durch Corona geschädigten Kindern ist zu diesem Zeitpunkt nicht die Rede.

Jetzt, im April 2022, bezeichnet Spiegel das alles auf einmal als Fehler: „Es war zu viel", sagt sie, „das hat uns als Familie über die Grenze gebracht." Eine Konsequenz daraus zieht sie indes nicht: Spiegel leitet nach der Landtagswahl auch noch die Koalitionsverhandlungen in Mainz zur Fortsetzung der Ampel-Koalition – federführend für die Grünen. Dann kommt die Flutkatastrophe am 14. Juli, doch den Urlaub tritt die Ministerin trotzdem an: „Wir brauchten Urlaub, weil mein Mann nicht mehr konnte", unterstreicht sie, das sei für sie „eine sehr schwere Abwägung" gewesen zwischen ihrem Amt als Ministerin und ihrer Verantwortung als Mutter von vier Kindern.

Zu diesem Zeitpunkt, vier Wochen nach der Flutkatastrophe, herrscht im Ahrtal immer noch Ausnahmezustand. Stromleitungen werden gerade mühsam wiederhergestellt, die meisten Abwässer im Tal fließen noch immer ungereinigt in die Ahr – und im ganzen Tal türmen sich Berge von Schutt und giftigem Müll. Hätte es „irgendeinen Anlass gegeben, den Urlaub abzubrechen, hätte ich das auch sofort getan", versichert Spiegel. Die größte Katastrophe der Bundesrepublik Deutschland nach dem Zweiten Weltkrieg mit 136 Toten ist offenbar nicht „Anlass" genug.

„Ich muss das jetzt noch abbinden …?!"

Doch damit nicht genug: Spiegel muss auch noch einräumen, die Unwahrheit gesagt zu haben. Dass sie aus dem Urlaub heraus „an allen Kabinettssitzungen teilgenommen" hat, stimmt gar nicht. Die Sitzungen hätten in ihrem Kalender gestanden, deshalb habe sie „angenommen", sie habe teilgenommen, stottert Spiegel – doch das habe sie gar nicht.

Selbst ein höchst erfahrener Politik-Journalist wie Theo Koll, Leiter des ZDF-Hauptstadtstudios, kann da nur noch staunen: Ein solches Statement habe er in 40 Jahren Politik-Journalismus noch nicht erlebt, sagt Koll am Abend im „Heute Journal": „Ob man die Teilnahme an Kabinettssitzungen während der Flut und während des eigenen Urlaubs nicht mehr erinnert, da würde ich ein großes Fragezeichen setzen."

Spiegels Auftritt löst weithin Entsetzen und ungläubiges Staunen aus. Dass sie ihre Familie derart ins Rampenlicht (vor)schiebt, stößt ungut auf. Das sei „die skurrilste Pressekonferenz seit der Haarproben-Ankündigung von Christoph Daum" gewesen, schreibt der CDU-Europaabgeordnete Dennis Radtke auf Twitter. Und der erfahrene Polit-Journalist Nikolaus Blome kommentiert: „Einen derart verstörenden und verstörten Auftritt wie diesen heute Abend habe ich in 20 Jahren Hauptstadt-Journalismus noch nicht erlebt." Im Ahrtal herrscht nur noch Entsetzen: „Es soll auch Menschen gegeben haben, die ihren Urlaub in den Flutgebieten verbrachten, um dort anderen Menschen zu helfen", kommentieren sie dort.

Einen Rücktritt lehnt Spiegel am Sonntag in ihrem Statement noch ab – sie glaubt allen Ernstes, mit ihrem wirren Auftritt ihr Ministeramt noch retten zu können. Doch spätestens, als sich Spiegel am Ende des Videos wegdreht und jemanden im Raum in PR-Sprech fragt: „Ich muss das jetzt noch abbinden ...?" ist endgültig klar: Die 41-Jährige ist im Amt einer Bundesministerin nicht mehr zu halten.

Am Montag votiert die Grünen-Bundesspitze in einer Krisensitzung mit 6:0 für einen Rücktritt Spiegels, berichtet die BILD. Am Montagnachmittag gegen 14.35 Uhr teilt die Ministerin dann in einer dürren Pressemitteilung ihres Hauses mit: „Ich habe mich heute aufgrund des politischen Drucks entschieden, das Amt der Bundesfamilienministerin zur Verfügung zu stellen. Ich tue dies, um Schaden vom Amt abzuwenden, das vor großen politischen Herausforderungen steht."

Von der Flutkatastrophe im Ahrtal ist mit keinem Wort die Rede. In Mainz nehmen die Grünen in Rheinland-Pfalz den Rücktritt ihrer Frontfrau mit „Bedauern zur Kenntnis". Von einer Entschuldigung, gar einem Eingeständnis von Fehlern in der Flutnacht – keine Spur. Die Grünen sind nicht die Einzigen, die sich dazu nicht durchringen können: Kein einziger führender Politiker in Rheinland-Pfalz hat sich bis heute zu einer Entschuldigung von Amts wegen durchringen können. Nicht Anne Spiegel, nicht Innenminister Lewentz – und auch nicht die Landesmutter selbst: Malu Dreyer. Was aber tat die Ministerpräsidentin eigentlich in der Flutnacht?

Kapitel 11: „Liebe Malu, die Lage eskaliert"

Es ist 22.15 Uhr, als Malu Dreyer den Plenarsaal des Mainzer Landtags betritt, gekleidet in einen schwarzen Hosenanzug und – ganz ungewohnt – mit Brille statt Kontaktlinsen. Malu Dreyer sieht angespannt aus, die Politikerin, die sonst für ihr strahlendes Lächeln bekannt ist, hat dieses Mal kaum einen Blick für die wartenden Kameras und Fotografen. Nicht einmal die FFP2-Maske mag die Ministerpräsidentin abnehmen, solange die Kameras noch im Saal sind, ihr Blick gilt ihren Unterlagen. Es ist spät geworden an diesem Freitag im April 2022, seit 08.30 Uhr hat der Untersuchungsausschuss zur Flutkatastrophe im Ahrtal bereits Zeugen vernommen – Malu Dreyer ist die achte Zeugin an diesem Tag.

Es geht um die schlimmste Katastrophe in Deutschland seit dem Zweiten Weltkrieg, es geht um ein komplett verwüstetes Tal, und es geht um 136 Tote – und all dies ist geschehen unter der Regierungsverantwortung der Sozialdemokratin Malu Dreyer. „Die Flutkatastrophe im Ahrtal hat unser Land ins Mark getroffen", sagt die Ministerpräsidentin direkt zu Beginn ihrer Aussage. Diese Katastrophe lasse das Land nicht mehr los, „und sie lässt auch mich seither nicht mehr los." Es habe schlimmste Schäden gegeben an Sachen, an Leib und Seele, sagt Dreyer: „Das Schlimmste ist: Es gab Tote."

Wie geht man als Ministerpräsidentin mit so einer Tragödie um, die sich ereignet, während man selbst die Verantwortung trägt? Im Grunde ist die Frage bis heute unbeantwortet: Malu Dreyer hat auch knapp zwei Jahre danach niemandem einen Blick hinter die Fassade der Regierungschefin gewährt, nicht was das Ahrtal angeht. Bis zum Mai 2023 hat sie sich nicht ein einziges Mal für die Versäumnisse ihrer Regierung entschuldigt – obwohl die Ahrtaler selbst das fordern.

„Die Menschen hier im Tal verdienen seit fast einem Jahr eine Entschuldigung“, sagt Andy Neumann, Ahrtaler, Flut-Geschädigter und Autor des Bestsellers *Es war doch nur Regen?!* Es ist der 9. Juli 2022 und Neumann ist längst selbst eines der „Gesichter“ der Flutkatastrophe geworden. Der BKA-Beamte aus Ahrweiler gehört zu den Mahnern aus dem Tal, fast genau ein Jahr nach der Flut prangert er, wie viele hier im Ahrtal, an, dass viel zu wenig passiert, viel zu Wenigen geholfen worden ist.

Dabei gehört Neumann zu den wenigen rund zehn Prozent, bei denen die Abwicklung der Schäden und der Wiederaufbau des Hauses vergleichsweise glatt gelaufen ist. Trotzdem findet er deutliche Worte für die katastrophale Stimmung im Tal: Warten, Enttäuschung, Abstumpfung. Die Not ist noch immer groß im Ahrtal, es geht nicht voran – und die Wut wächst. Auch darüber, dass für das katastrophale Krisenmanagement in der Flutnacht bis zum Juli 2022 niemand Verantwortung übernehmen mag – Innenminister Roger Lewentz wird erst ein halbes Jahr später zurücktreten.

Und so fordert Neumann an diesem Samstag auf dem notdürftig wiederhergestellten Marktplatz in Ahrweiler mitten in einer Live-Sendung des Südwestrundfunks ein „Mea Culpa“, ein Bekenntnis, das zu einer reinigenden Katharsis führen könnte für die Menschen im Ahrtal: „Eine Entschuldigung für miserable Katastrophenvorsorge, für katastrophales Einsatzmanagement und für die mindestens mal sehr suboptimale administrative Abwicklung der Folgen der Flut für die Menschen hier im Tal“, fordert Neumann: „Dafür verdienen die Menschen hier eine Entschuldigung.“

Die Adressantin der Forderung ist Ministerpräsidentin Malu Dreyer – doch Dreyer schweigt. Kein einziges Mal hat sie sich außerhalb ihrer Auftritte im Untersuchungsausschuss ausführlich zur Flutkatastrophe im Ahrtal geäußert, alle Forderungen nach einer Entschuldigung hat sie brüsk zurückgewiesen – bemerkenswert etwa das Interview in den „Tagesthemen" genau ein Jahr nach der Flutkatastrophe. Als Dreyer darin direkt gefragt wird: „Warum entschuldigen Sie sich nicht einfach?", reagiert sie geradezu patzig: „Ich kann es nur noch einmal wiederholen: Es ist eine Naturkatastrophe gewesen", sagt Dreyer, „und der Katastrophenschutz ist ja bei uns kommunal verortet." In fünf Landkreisen und einer kreisfreien Stadt habe die Flutkatastrophe „eine große Rolle gespielt", aber „ganz unterschiedliche Auswirkungen" gehabt. Sie meint damit Landkreise wie Trier oder den Vulkaneifelkreis, die ebenfalls von starken Überflutungen betroffen waren.

Doch der Vergleich hinkt, wie Dreyer sehr wohl weiß: In keinem anderen Landkreis hat es auch nur ansatzweise eine solche Verwüstung, geschweige denn so viele Tote gegeben wie im Ahrtal. Dreyer aber wehrt ab: „Keiner von uns hatte damals Kenntnis über das Ausmaß der Katastrophe", betont sie wieder und wieder, damit habe „niemand gerechnet" - „es war eine Situation, deren Ausmaß wir nicht ermessen konnten."

Marieluise Dreyer, genannt „Malu", regiert das Bundesland Rheinland-Pfalz seit dem 16. Januar 2013, seit 2002 war sie bereits Sozialministerin unter Ministerpräsident Kurt Beck, jenem fast schon legendären Sozialdemokraten, dessen Motto „nah bei de Leut'" alles andere als eine Phrase war: Kurt Beck war ein Landesvater, der den Menschen zuhörte, jede Hand drückte, die vorbeikam, und der sich nie zu schade war, allen Kümmernissen und Sorgen seiner Bürger sein Ohr zu schenken.

Malu Dreyer galt als seine Lieblings-Nachfolgerin, als „Ministerpräsidentin der Herzen", aber ihre Multiple Sklerose-Erkrankung – selbst von ihr im Ministeramt öffentlich gemacht – schien dem entgegenzustehen. Doch Dreyer setzt sich erst gegen die Krankheit und dann gegen ihre Konkurrenten durch – im Januar 2013 beerbt sie Kurt Beck, seit 2016 regiert sie an der Spitze der ersten Ampel-Koalition in einem bundesdeutschen Flächenland gemeinsam mit Grünen und FDP. Zwei Landtagswahlen konnte sie klar für sich entscheiden – dank ihrer großen Beliebtheit im Land. Dann kam die Flutnacht des 14. Juli 2021.

„Wir wussten, dass Deutschland von Starkregenereignissen betroffen sein würde", berichtet Dreyer am 8. April 2022 vor dem Untersuchungsausschuss des Mainzer Landtags – es ist das erste Mal, das die Ministerpräsidentin vor dem Gremium Stellung nehmen muss. Dreyer wirkt hochgradig angespannt, von ihrer normalen Fröhlichkeit keine Spur. Ihre Sätze klingen wie auswendig gelernt oder abgelesen, die Ministerpräsidentin ist sichtlich vorbereitet – und wiederholt manche Passagen wortgleich.

Am 14. Juli sei sie davon ausgegangen, dass ein Hochwasser bevorstehe, gibt sie zu Protokoll. Ein schlimmes Hochwasser womöglich – aber nichts Schlimmeres als das, und Hochwasser kennt man in Rheinland-Pfalz. „Wir sind ein Land mit Hochwasser", betont Dreyer. 2016, 2018, immer wieder sind vor allem Rhein oder Mosel über die Ufer getreten. Immer wieder habe sie bei diesen Ereignissen „erlebt, dass der Hochwasserschutz funktioniert", betont die Regierungschefin. Auch am 14. Juli „war das Ausmaß der Flutkatastrophe an der Ahr noch nicht abzusehen", wiederholt sie mehrfach, auch wenn Meteorologen das längst wiederlegt haben.

Was also kam bei der Ministerpräsidentin an Warnungen an, was wusste sie – und was tat Malu Dreyer in der Flutnacht?

„Dass wir mit Hochwasser zu rechnen hatten"

Am 13. Juli 2021 ist die Wetterlage Thema im Landeskabinett, Umweltministerin Anne Spiegel – zuständig für den Hochwasserschutz und das Landesamt für Umwelt – informiert ihre Ministerkollegen und die Ministerpräsidentin über das bevorstehende Hochwasserereignis. Bei ihrer Vernehmung vor dem Ausschuss hat Spiegel ihren Bericht als Teil ihres verantwortungsbewussten Handelns präsentiert, und doch schreibt sie am Morgen des 15. Juli in einer SMS: „Das ‚Blame Game' könnte sofort losgehen, wir brauchen ein Wording, dass wir rechtzeitig gewarnt haben, ich im Kabinett."

Was also sagte die Ministerin am 13. Juli im Kabinett? „Ich erinnere mich sehr gut, dass sie über die Hochwasserlage berichtet hat", gibt Dreyer vor dem Untersuchungsausschuss an. Spiegel habe „über die aktuelle Wetterlage und über die Abschätzung für die nächsten Tage" informiert. Eine dramatische Warnung kann es kaum gewesen sein: „Es ging darum, dass wir mit Hochwasser zu rechnen haben", berichtet Dreyer, „und es ging maßgeblich um die großen Flüsse, Rhein und Mosel." Worum es nicht ging: das Ahrtal. Worum es auch nicht ging: Um Warnungen vor einer Sturzflut oder gar einer Flutkatastrophe.

Am 14. Juli nimmt auch Dreyer an der Landtagssitzung im Plenum Teil. „Ich erinnere mich sehr gut, dass der Innenminister auf mich zukam und mir mitteilte: Die Gemeinden bereiten sich auf Hochwasser vor", berichtet Dreyer dem Ausschuss. Die zuständige Dienstaufsichtsbehörde ADD habe ihre Koordinierungsstelle für Katastrophenfälle geöffnet und stehe für die Gemeinden und Kreise bereit. „Ich weiß auch noch sehr genau, dass er auf mich zukam und sagte, er würde das Plenum verlassen und in die Gebiete fahren", fährt Dreyer fort.

Tatsächlich verlässt Lewentz kurz danach, gegen 18.00 Uhr, das Landtagsplenum, um nach Ahrweiler zu fahren – zum gleichen Zeitpunkt steht der Campingplatz in Dorsel bereits meterhoch unter Wasser, sterben hier irgendwann zwischen 17.30 Uhr und 18.30 Uhr sechs Menschen. Erste Informationen über den überfluteten Campingplatz und die notwendige Luftrettung machen auch im Mainzer Landtag die Runde, und sie erreichen offenbar auch die Ministerpräsidentin.

Vor dem Ausschuss berichtet Dreyer noch einmal von dieser Szene: „Ich habe im Hintergrund beobachtet, wie Stich und Manz miteinander redeten", betont sie. Die beiden Staatssekretäre wären dafür zuständig gewesen, das Wissen aus den Bereichen Hochwasserwarnungen (Manz) und Katastrophenschutz (Stich) untereinander auszutauschen und miteinander zu verknüpfen – doch das geschieht nicht. Die beiden Herren tauschen sich „über Medienberichte aus", gibt Staatssekretär Stich zu Protokoll. Ein strukturierter Austausch über Pegelstände und vor allem über ihre Gefahren findet zwischen den Häusern nicht statt.

Im Innenministerium ist man weitgehend ahnungslos, was Pegelstände und ihre Bedeutung angeht, im Umweltministerium hält man sich aus dem Katastrophenschutz lieber heraus – einige Jahre zuvor hat man schlechte Erfahrungen gemacht, wie Manz im Ausschuss andeutet. Weder klärt er den Kollegen über die horrende Pegelprognose von mehr als fünf Metern für das Ahrtal auf, noch über das Ausrufen der höchsten Warnstufe im Landesamt für Umwelt.

Nach dem Plenum herrscht zwischen den beiden Staatssekretären dann vollends Funkstille. Dreyer hingegen gibt wiederholt an, es sei für sie „vollkommen klar gewesen", dass „die

Kollegen im Austausch“ waren – sie wird sich auch den Rest des Abends nicht mehr vergewissern, ob das auch stimmt.

„Ist Anne auch informiert?“

Die Ministerpräsidentin begibt sich nach dem Landtagsplenum in die Staatskanzlei, dort steht noch ein Treffen mit Staatssekretär Stich an – es geht um den Flughafen Hahn und ein drohendes Urteil des Europäischen Gerichtshof zu den Beihilfen des Landes für den Hunsrück-Flughafen. Der EuGH wird die Beihilfen später für unrechtmäßig erklären. Während der Besprechung ruft Lewentz bei Dreyer auf dem Handy an. Der Minister habe ihr von seinem Besuch in der Einsatzleitung in Ahrweiler berichtet, sagt Dreyer. Es sei um das schwere Hochwasser gegangen und darum, dass alle „gut vorbereitet“ seien.

„Es gab für mich zu diesem Zeitpunkt keinen Hinweis, dass es zu so einer Flutkatastrophe kommen würde, und dass die Stellen nicht in gebotener Weise tätig werden würden“, betont Dreyer bei ihrer Vernehmung, sie sagt diesen Satz mehrfach. Sie sei dann in dem Bewusstsein nach Hause gegangen, „dass wir Hochwasser zu erwarten hatten, dass wir aber auch gut aufgestellt sind und das immer gut gemanagt haben.“

Dreyer fährt in ihre Mainzer Wohnung, gegen 21.30 Uhr sei sie wohl dort angekommen, sagt sie. „Die Abende in meiner Mainzer Wohnung laufen immer ähnlich ab“, berichtet die Ministerpräsidentin dem Ausschuss: Sie schaue Nachrichten, beschäftige sich mit den Akten für den kommenden Tag und telefoniere mit ihrem Mann, das Ehepaar lebt gemeinsam in Trier. Auch an diesem Abend sei das im

Wesentlichen so abgelaufen, sagt Dreyer, doch eines ist anders: Die Ministerpräsidentin kommuniziert rege mit ihrem Innenminister sowie mit einem Kreis ihrer engsten Mitarbeiter über einen Messengerdienst.

Mit Lewentz tauscht sie zwischen 21.36 Uhr und 21.44 Uhr eine Reihe von Nachrichten aus, in einer schreibt Dreyer: „Ich höre, der Höchststand ist erst morgen Mittag erreicht, ist ja wirklich schlimm." Woher sie denn diese Information gehabt habe, wird Dreyer im Untersuchungsausschuss gefragt. „Ich weiß es nicht mehr, ich kann mich einfach nicht mehr erinnern", antwortet Dreyer.

Doch an Lewentz schreibt sie in der gleichen Meldung: „Ist Anne auch informiert? Sie ist ja wirklich ein bisschen nervös." Anne Spiegel, die Umweltministerin, wirkte offensichtlich beunruhigt auf ihre Chefin, trotzdem wird sie an diesem Abend weder mit Dreyer noch mit Lewentz Kontakt aufnehmen – und Dreyer nicht mit ihr. Zwischen „Roten" und „Grünen" in der Regierungskoalition herrscht Funkstille, Chats und Kommunikationsversuche gibt es nur innerhalb des eigenen Lagers, aber nicht ein einziges Mal darüber hinaus.

Lewentz antwortet auf Dreyers Frage, ob Spiegel informiert sei: „Das weiß ich gar nicht, sie hat ein eigenes Lagesystem." Auf die Idee, die Ministerin anzurufen und sich zu erkundigen, welche Informationen das Umweltressort hat, kommen beide Politiker offenbar nicht. Auch die Frage, ob die Umweltministerin für sie wichtige Informationen in Sachen Hochwasser haben könnte, stellen sich die beiden Sozialdemokraten nicht. „Ok. Schönen Abend", schreibt Dreyer um 21.44 Uhr an Lewentz.

Erst am nächsten Morgen, um 5.58 Uhr, wird Dreyer Spiegel mitteilen: „Liebe Anne, die Lage ist heute Nacht eskaliert." Vor dem Ausschuss betont Dreyer, es sei doch „total selbstverständlich", die Frau zu informieren, die immerhin ihre stellvertretende Ministerpräsidentin ist. In der Nacht galt das indes offenbar nicht.

„Die Krisenmanagerin duckt sich weg"

Die CDU-Opposition wird nach Dreyers Vernehmung fassungslos konstatieren: Während in Luxemburg noch in der Nacht das Krisenkabinett zusammengetreten sei, habe es in Rheinland-Pfalz niemand für nötig befunden, einen Krisenstab einzuberufen, sich telefonisch zusammenzuschalten oder auch nur Informationen auszutauschen. CDU-Obmann Dirk Herber wirft der Landesregierung vor, sie habe „in den Stunden der Flutkatastrophe versagt", spricht gar von „verhängnisvollem Führungsversagen" – auch der Ministerpräsidentin.

„In diesen schwierigen Stunden hätten die von der Flut betroffenen Menschen einen echten ‚Kümmerer', eine ‚Krisenmanagerin' gebraucht", klagt Herber, „doch die verantwortliche Landesspitze hat sich weggeduckt." Auch die AfD prangert ein mangelhaftes Abstimmungsverhalten zwischen den Ressorts an: „Eine Mischung aus Nichtwissen, Nichtwissen-Wollen und Relativieren" habe so „trotz vorhandener Alarmzeichen in die totale Katastrophe geführt."

Doch was kommt von den Alarmzeichen überhaupt bei Malu Dreyer an? Um 21.46 Uhr informiert Lewentz seine Ministerpräsidentin noch einmal: Gerade komme die Meldung, dass sich das Hochwasser im Vulkaneifelkreis schlimmer entwickele als 2018, schreibt Lewentz – vom Ahrtal ist keine Rede. Dreyer informiert ihren Mitarbeiterstab, man werde am kommenden Tag alle Termine umplanen müssen.

„Besorgt“ sei sie gewesen, betont Dreyer, und durchaus auch angespannt wegen der Hochwasserlage. Doch sie habe „keinen Anlass oder Anhaltspunkt“ gehabt, zu glauben, dass eine größere Katastrophe bevorstehe, dass man die Bevölkerung breit warnen müsse, etwa als Regierungschefin über die Medien – so betont es Dreyer auch bei ihrer zweiten Vernehmung vor dem Ausschuss im März 2023.

Inzwischen hat der Untersuchungsausschuss aufgedeckt, wie umfassend, ja detailliert die Landesbehörden über die Flutwelle im Ahrtal informiert waren – doch Dreyer bleibt bei ihrer Darstellung: „Nein, ich hatte keine Kenntnis von der dramatischen Situation in dieser Flutnacht“, betont die Ministerpräsidentin wieder und wieder.

Wie kann das sein? In einem ganzen Tal ihres Bundeslandes geht die Welt unter – und die Chefin dieses Landes erfährt davon nichts? Dabei betont Dreyer selbst ausdrücklich, sie sei „als Ministerpräsidentin immer ansprechbar“, das gelte auch für die Abende. „Ich bin immer sehr lange wach, da kann mich jeder anrufen“, erklärt Dreyer den Parlamentariern. Es gebe zudem die Verabredung, dass sie, wenn sie schlafe, trotzdem über ihren Personenschutz erreicht werden könne, der sie dann auch wecken dürfe.

Genauso erzählt es auch Lewentz vor dem Ausschuss, auch er wird permanent von Personenschützern begleitet. Dennoch erreicht der Innenminister seine Ministerpräsidentin in der Nacht angeblich nicht – ausgerechnet mit einer entscheidenden Information. Um 23.00 Uhr erfährt Lewentz aus seinem Lagezentrum, im Ort Schuld an der oberen Ahr seien sechs Häuser eingestürzt – erst jetzt will der Innenminister damit „den ersten Hinweis“ bekommen haben, dass die Schäden an der Ahr „über das normale Maß hinausgehen.“

„Liebe Malu, die Lage eskaliert“

Um 23.46 Uhr bekommt Lewentz Aufnahmen aus einem Polizeihubschrauber zugeschickt, der über Schuld gekreist hat, aber auch über anderen Orten entlang der Ahr. Die Aufnahmen zeigen ein Tal, das in Wasserfluten versinkt, doch „eine Flutwelle“, behauptet Lewentz, „ist nicht erkennbar gewesen.“ Auch jetzt greift der Innenminister seinen eigenen Angaben zufolge noch immer nicht zum Telefon, um die Ministerpräsidentin zu informieren.

Eine Dreiviertelstunde später, um 00.25 Uhr, erreicht ihn dann ein Anruf von ADD-Präsident Linnertz: Er bestätigt die Meldung, dass im Ort Schuld sechs Häuser eingestürzt sind und berichtet, es gebe Vermisste – und dass mit Toten gerechnet werden müsse.

Erst jetzt versucht Lewentz, Dreyer anzurufen, es ist inzwischen 00.40 Uhr – doch die Ministerpräsidentin antwortet nicht. „Ich habe den Anruf offenbar nicht gehört“, sagt Dreyer vor dem Ausschuss – und sie sagt auch: Sie sei zu diesem Zeitpunkt noch wach gewesen. Lewentz fasst daraufhin seine dramatischen Informationen in eine Textnachricht, die er um 00.58 Uhr verschickt:

„Liebe Malu, die Lage eskaliert. In Schuld sind (wohl) sechs Häuser eingestürzt, weitere Einstürze drohen, es kann/könnte Tote geben. Unsere Hubschrauber flogen darüber, sahen Taschenlampenzeichen, konnten aber nicht heruntergehen. Es gab wohl ganz traurige Szenen. Der ADD ist ein zusammenhängendes Lagebild nicht möglich, weil die Wehren überall vor Ort verzweifelt im Einsatz sind, aber nicht nach oben melden. An manchen Stellen ist wohl auch die Kommunikation gestört. (...) Es ist im Augenblick sehr unübersichtlich. Thomas Linnertz ist vor Ort und sehr mitgenommen. Ich versuche, jetzt die Bundeswehr zu erreichen.“

Die Nachricht ist an Dramatik nicht zu überbieten – doch Dreyer antwortet nicht. Zumindest wollen sie und Lewentz die Parlamentarier im Untersuchungsausschuss glauben machen, dass Dreyer die Nachricht nicht gelesen habe. Wann sie die Nachricht zur Kenntnis genommen habe, wisse sie nicht mehr, gibt die Ministerpräsidentin vor dem Ausschuss zu Protokoll: „Ich kann Ihnen das nicht berichten." Sie gehe davon aus, dass es am nächsten Morgen war, „irgendwann zwischen 5.00 Uhr und 5.15 Uhr."

Wie plausibel ist diese Aussage bei einer Ministerpräsidentin, die dafür bekannt ist, ihre Regierung und ihre Leute fest im Griff zu haben? Die besorgt war angesichts der Lage – und noch wach? Sah Malu Dreyer die Nachricht wirklich nicht mehr – oder reagierte sie nur nicht? Und warum versuchte Lewentz nicht, seine Chefin über den Personenschutz zu erreichen?

Offenbar unterschätzte der Innenminister die Lage noch immer, aber die Frage bleibt: Zu diesem Zeitpunkt gab es längst Tote im Ahrtal, spielten sich dramatische Szenen in den Fluten ab – ist es glaubhaft, dass die Ministerpräsidentin des Landes davon nichts erfuhr?

Am nächsten Vormittag gibt Dreyer gegen 9.40 Uhr ein Statement im Landtagsplenum ab, sie wirkt zutiefst schockiert. Die eigentlich angesetzte Plenarsitzung ist abgesagt, seit dem frühen Morgen ist Krisenmanagement angesagt. Dreyer telefoniert mit Lewentz, Textnachrichten fliegen zwischen den Politikern hin und her, noch vor dem Landtagsplenum telefoniert Dreyer mit Olaf Scholz (SPD), der zu dem Zeitpunkt Vizekanzler ist und noch am selben Tag ins Ahrtal eilt – Scholz steckt als Kanzlerkandidat gerade im Bundestagswahlkampf.

Dem Besuch des Vizekanzlers im Ahrtal wird hohe Priorität eingeräumt, Scholz soll sich offenbar wie einst Gerhard

Schröder bei der Oderflut in Gummistiefeln als Krisenmanager präsentieren. Was die Sozialdemokraten zum Zeitpunkt der Terminorganisation noch nicht wissen: Angesichts der apokalyptischen Szenen im Ahrtal verstummt jedes Wahlkampfgetöse. Im Nachhinein wird es sich als Segen erweisen, dass die Bundesspitzen so schnell vor Ort waren: Nur wer die Katastrophe mit eigenen Augen gesehen hat, kann wirklich ermessen, welche Dimensionen sie hat.

Dreyer fährt ebenfalls noch am selben Tag ins Ahrtal, was sie dort sieht, beschreibt sie so: „Es waren apokalyptische Szenen." Die Flutkatastrophe sei „für uns in diesem Ausmaß nicht vorhersehbar" gewesen, betont Dreyer gebetsmühlenartig, und fügt noch hinzu: „Genauso wenig wie die Tatsache, dass der Katastrophenschutz in Teilen eben auch an diesem Abend nicht funktioniert hat."

Doch die politische Verantwortung übernimmt Dreyer dafür nicht: Man müsse nun „daraus Schlüsse ziehen", es müsse bei solchen Großlagen „möglicherweise auch noch einmal geschaut werden, wie der Katastrophenschutz auch noch in anderer Form unterstützt wird." Über solche weitgehend inhaltsleeren Sätze gehen die Statements der Regierungschefin nicht hinaus.

Das Schweigen der Malu Dreyer

„Natürlich gibt es Bitterkeit im Tal. Es gibt Leute, die fühlen sich komplett allein gelassen – und sind es auch. Die kämpfen um ihre Existenz, haben Wut und Groll und Bitterkeit in sich, und völlig zu Recht", sagt Andy Neumann ein Jahr nach der Flutkatastrophe. Die „miserable Katastrophenvorsorge im Land Rheinland-Pfalz" sei zu einem Gutteil mit verantwortlich dafür, dass die Katastrophe am Ende so groß ausfiel, sagt Neumann – und dass so viele Menschen ihr Leben verloren.

Und dann seien da noch das „katastrophale[s] Einsatzmanagement im Nachgang der Flut“ gewesen und die schleppende Aufarbeitung. „Das ist doch nun wirklich ein Grund für die Frau, deren Bundesland es ist, sich mal hinzustellen und zu sagen: Ahrtal – es tut mir leid“, sagt Neumann: „Was wäre das für eine große Geste, wenn sich die Ministerpräsidentin einfach mal hinstellte und sagte: Ihr Menschen im Ahrtal – es stimmt. Wir haben es verbockt. Es tut mir leid. Und jetzt lasst uns zusammen nach vorne gucken.“

Doch Dreyer tut genau das nicht – weder zum Jahrestag der Flutkatastrophe im Juli 2022, noch zur Weihnachtsansprache Ende 2022. Im Oktober 2022 schreibt CDU-Landeschef Christian Baldauf einen Brief an Malu Dreyer, der Inhalt: 15 bohrende Fragen an die Ministerpräsidentin zu ihrer Rolle in der Flutnacht des 14. Juli 2021 sowie danach.

Warum habe Dreyer nicht für einen ordentlichen Informationsaustausch zwischen Umwelt- und Innenministerium gesorgt, warum keinen Kontakt mit Anne Spiegel aufgenommen, will die CDU darin wissen. Welche Überlegungen habe die Ministerpräsidentin selbst in der Flutnacht angestellt – dachte sie darüber nach, den Krisenstab des Landes einzuberufen oder die Bevölkerung zu warnen? Und vor allem: „Hätte die Landesregierung in der Flutkatastrophennacht konkret einen Beitrag leisten können, um Menschenleben zu retten?“

Eine Antwort bekommt der Oppositionschef nicht, weder im Herbst 2022 noch ein halbes Jahr später. Zwar schickt Dreyer im November 2022 ein Antwortschreiben, doch darin verweist sie lediglich auf ihre anvisierte zweite Vernehmung vor dem U-Ausschuss im Frühjahr 2023. „Leider beantwortet sie keine unserer Fragen“, konstatiert Baldauf, ihm sei schleierhaft, warum: Dreyer hätte doch wenigstens Stellung zu den Ereignissen beziehen können, die zu einem späteren Zeitpunkt stattfanden – etwa dem Rücktritt des Innenministers.

Doch Dreyer sagt dazu lediglich: Der Innenminister habe „die politische Verantwortung übernommen und ist zurückgetreten" – dass sie selbst den Rücktritt zutiefst bedauert, hatte sie bei Lewentz' Abgang sehr deutlich gemacht. Bis heute ist Lewentz Landesvorsitzender der SPD Rheinland-Pfalz und Abgeordneter im Mainzer Landtag, in der SPD spricht man gar von einer Wiederwahl als Landeschef für weitere zwei Jahre.

Dreyer versuche „den Eindruck zu erwecken, als ob sie mit der Katastrophe nichts zu schaffen hätte", klagt CDU-Landeschef Baldauf, und konstatiert: „Die Kette des folgenschweren Versagens ihrer Regierung führt jedoch unmittelbar zur Frage der politischen Verantwortung der Ministerpräsidentin."

Zwei Jahre nach der Flut lässt die Faktenlage eigentlich nur zwei Schlüsse zu: Entweder, die Ministerpräsidentin wusste in der Nacht des 14. Juli 2021 wirklich nichts von der katastrophalen Lage im Ahrtal – dann bietet sich das Bild einer Landesmutter, die ahnungslos ins Bett sinkt, während im Norden ihres Landes die Welt untergeht. Oder Dreyer erfuhr doch von der Flutwelle im Ahrtal, den eingestürzten Häusern, den Menschen in Not – und unternahm nichts.

Bei ihrer zweiten Vernehmung vor dem Untersuchungsausschuss Ende März 2023 hält Dreyer an ihrem alten Narrativ fest: Sie sei von einem schweren Hochwasser ausgegangen, auf das die Behörden gut vorbereitet waren. „Ich selbst hatte in dieser Nacht keine Kenntnis davon", lautet ihre Standard-Antwort auf alle Vorhaltungen: „Ich wusste nicht, dass sich die Situation im Tal so zugespitzt hatte."

Immerhin geht Dreyer ein Stück weit auf ihre Bürger zu: „Ich will all denjenigen sagen, die bis heute unter den Folgen leiden: Ihr Schicksal tut mir unendlich leid, und ich fühle mit Ihnen – aber ich kann das Leid leider nicht ungeschehen machen." Eine Entschuldigung ist das indes nicht, ein Eingeständnis von Fehlern erst recht nicht. Dreyer hat sich für die Variante „Unwissenheit" entschieden.

Für das operative Handeln vor Ort sind immer andere zuständig – der Landrat, die Kreisverwaltung, die Katastrophenschützer. Sie selbst zieht sich auf die Haltung zurück, „dass [sie] als Ministerpräsidentin an dieser Stelle nicht handeln muss, sondern darauf vertrauen kann, dass die Situation vor Ort gut gelöst wird." Doch das wird sie eben nicht – die Wahrheit muss der Untersuchungsausschuss mühsam und über Wochen hinweg in intensiver Recherchearbeit rekonstruieren.

Kapitel 12: Dramatische Videos aus der Flutnacht

Es ist der 23. September 2022, ein Jahr und zwei Monate sind nach der verheerenden Flutnacht im Ahrtal vergangen, als im Untersuchungsausschuss im Mainzer Landtag auf einmal eine Bombe platzt. Mitten in einer Zeugenvernehmung wird Nicht-Öffentlichkeit hergestellt, hinter verschlossenen Türen – ohne Gäste, und vor allem ohne Journalisten, werden zwei Videos gezeigt, gedreht am Abend des 14. Juli 2021 im Ahrtal.

„Der Ausschuss hat zwei Videos angesehen, gefertigt aus einem Polizeihubschrauber am 14. Juli 2021", sagt der Ausschuss-Vorsitzende Martin Haller (SPD) danach schmallippig. Die Videos seien zwischen 22.15 Uhr und 22.30 Uhr gedreht worden, öffentlich zeigen könne man sie indes nicht: „Es könnten Personen in Notsituationen identifiziert werden", begründet Haller die Geheimhaltung.

Im Plenarsaal des Mainzer Deutschhauses herrscht Aufregung und Entsetzen, denn natürlich spricht sich sofort herum, was die Videos zeigen: Ein komplett überflutetes Ahrtal, über Kilometer hinweg. Häuser, die bis zur Dachkante unter Wasser stehen. Die Filme zeigen Autos, die in der Strömung treiben, und sie zeigen Menschen, die auf den Dächern ihrer Häuser stehen und um Hilfe rufen. Auf Nachtaufnahmen sind Lichter zu sehen, Menschen schwenken Taschenlampen, um auf sich aufmerksam zu machen – sie flehen um Hilfe, eingeschlossen von Wassermassen.

Den Ausschussmitgliedern steht danach das Entsetzen in die Gesichter geschrieben. Die Videos seien „das Schlimmste, was ich je gesehen habe", sagt ein Ausschussmitglied. „Diese Videos gehen ans Herz, ich musste danach tief Luft holen", berichtet der Obmann der Freien Wähler, Stephan Wefelscheid: „Wer die gesehen hat, erkannte die Dramatik der Lage im Ahrtal."

Vernommen wurden an diesem Tag eigentlich gerade Mitarbeiter aus dem Lagezentrum des Innenministeriums, und die hatten unisono zu Protokoll gegeben: Man habe die Katastrophe im Ahrtal in der Nacht nicht erkennen können, man habe „nur punktuelle Informationen" gehabt, aber beileibe keinen Lageüberblick – von einer Flutkatastrophe, gar einer Flutwelle im Ahrtal, habe man ja nichts geahnt. Die Videos lassen das Narrativ aus dem Ministerium einstürzen wie ein Kartenhaus. In den folgenden Wochen deckt der Untersuchungsausschuss durch minutiöse Recherchearbeit auf, was in der Nacht des 14. Juli wirklich geschah – und wie viel man in Mainz tatsächlich wusste.

Das Lagezentrum im Mainzer Innenministerium ist kein Krisenstab, die diensthabenden Beamten sind auf die Informationen ihrer Polizeipräsidien angewiesen. In Trier handeln sie offenbar koordiniert und schnell, melden regelmäßige Lageberichte nach oben ins Ministerium. „Für uns hat sich das so dargestellt, dass der Schwerpunkt erst in Trier war", gibt David Wincek vor dem Untersuchungsausschuss zu Protokoll.

Der 38-Jährige hat in der Flutnacht Dienst im Lagezentrum, ist zuständig für die Kommunikation, auch in Richtung Hausspitze, doch auf viele Fragen antwortet er ausweichend: „Ich weiß das konkret nicht ... ich kann das nicht festmachen ... mir war das Ausmaß der Tragödie in der Nacht nicht bewusst" – das gibt Wincek bei seiner Vernehmung vor dem Untersuchungsausschuss zu Protokoll.

Dabei hat der Beamte schon um 17.57 Uhr einen „Ereignisreport" für Innenminister Lewentz verfasst, in dem es wörtlich heißt: „17.30 Uhr, Schmitt teilt mit: Campingplatz in Dorsel überflutet, Menschen haben sich auf Dächer gerettet, müssten per Hubschrauber gerettet werden. (...) Die ADD hat soeben um Unterstützung gebeten (...) Wohnwägen und Wohnmobile treiben schwimmend auf dem Wasser."

Am Mittag hatte Innenminister Lewentz sein Lagezentrum gebeten, ihn genau auf dem Laufenden zu halten, „niedrigschwellig", bittet der Minister. „‚Niedrigschwellig' würde ich so interpretieren, dass das Ministerbüro über jede Kleinigkeit informiert werden möchte", erklärt Wincek vor dem Ausschuss: „Solche Sachverhalte oder gar Personenschäden, das würde ich auf jeden Fall weitergeben." Das würde er auch unbedingt zeitnah tun, betont der Beamte – warum Lewentz trotzdem erst gegen Mitternacht über die dramatische Lage im Ahrtal informiert wird, erklärt niemand.

Und dabei wissen sie bei der Polizei Koblenz bereits früh am Abend, wie dramatisch die Lage im Ahrtal ist: Ab 19.00 Uhr hat Bürgermeister Helmut Lussi in Schuld beobachtet, wie die Flutwelle der Ahr ganze Häuser seines Dorfes mit sich reißt – sechs Häuser werden es insgesamt. Die Information erreicht das Lagezentrum in Koblenz um kurz nach 21.00 Uhr:

„Da habe ich die Mitteilung von den Kollegen von Adenau bekommen, die standen mit einem Streifenwagen kurz vor Schuld, kamen da nicht weiter, weil die Straße da schon dermaßen überschwemmt war", berichtet der Erste Polizeihauptkommissar Holger Drees dem U-Ausschuss: „Die mussten im Prinzip mit ansehen, wie da ein Haus oder zwei Häuser einstürzten. Das habe ich dann über Funk, und von dem Kollegen Riske noch entsprechend bestätigt gekriegt."

Die Nachricht verbreitet sich wie ein Lauffeuer. „Ich bin um 21.45 Uhr zur Führungszentrale gekommen", berichtet die Koblenzer Polizeihauptkommissarin Marita Simon, „man hat mich mit den Worten begrüßt: In Schuld sind sechs Häuser eingestürzt. Das ist so ein Satz, da denkt man, man ist im falschen Film." Dann habe der Kollege berichtet: „Ja, da ist anscheinend eine große Flutwelle im Ahrtal, und die hat mehrere Häuser weggerissen."

Bereits um 21.22 Uhr hat die Nachricht auch das Lagezentrum in Mainz erreicht. Damit ist klar: Bereits jetzt wissen sie hier genau, dass an der oberen Ahr gerade die Welt untergeht – buchstäblich. Trotzdem beharren die Beamten vor dem U-Ausschuss, sie hätten ja „keine bestätigten Belege" gehabt. Warum denn die Augenzeugenberichte der eigenen Kollegen nicht ausreichend seien, will die Opposition im Untersuchungsausschuss wissen.

„Wieso es zu dieser Diskrepanz zwischen Informationen und der tatsächlichen Informationsweitergabe kam, erschließt sich mir tatsächlich nicht", antwortet Beamter Wincek: „Die Frage haben wir uns im Nachgang auch häufiger gestellt. Wir kommen da zu keinem Ergebnis."

Ein Hubschrauberflug in der Nacht: „Überall Leute auf den Dächern"

Vielleicht gab es ja auch gar keine Erkenntnis-Diskrepanz in der Nacht, denn im Mainzer Lagezentrum reagieren sie umgehend: Sie erbitten in Koblenz einen Aufklärungsflug per Hubschrauber, das ist um 21.30 Uhr. Um 21.35 Uhr wird eine Maschine der Hubschrauberstaffel Rheinland-Pfalz angefordert, kurz danach steigt sie in die Luft und trifft bereits um 22.00 Uhr am Ahrtal ein. Der Hubschrauber fliegt das gesamte Ahrtal hinauf, von der Mündung am Rhein bis zum Ort Schuld.

Um 22.14 Uhr beginnen die Helikopter-Piloten mit dem Aufzeichnen mehrerer Videos, die drei wichtigsten Filme mit einer Gesamtlänge von 20 Minuten entstehen zwischen 22.14 Uhr und 22.42 Uhr. Den Beamten zeigen sich Szenen, wie sie sie noch nie gesehen haben: „Im Bereich Dernau ging es dann los, je weiter wir ins Ahrtal reingeflogen sind, umso schlimmer wurde es", berichtet Thomas Kreutz, Flugtechniker und taktischer Leiter des Hubschrauber-Einsatzes in jener Nacht dem Untersuchungsausschuss: „Es haben sich dramatische Szenen entwickelt."

Die Videos zeigen, was die drei Männer der Hubschrauberbesatzung sehen: ein komplett unter Wasser stehendes Tal mit einem halben Dutzend Orten, in denen ganze Häuserzeilen bis zum Dach unter Wasser stehen. Sie zeigen ein Auto, das von den Fluten mitgerissen wird – und sie zeigen Menschen, die von Dächern oder Balkonen der eingeschlossenen Häuser mit Taschenlampen um Hilfe blinken. „Die Leute standen überall auf den Dächern", berichtet Kreutz.

Der Hubschrauber tastet sich in der hereinbrechenden Dunkelheit, bei dichtem Regen und Nebelschwaden durch das Tal, der Flug sei durchaus grenzwertig gewesen, berichtet die Besatzung. „Ich habe mir das deswegen zugetraut, weil ich schon sehr, sehr lange im Hubschrauber sitze, über 3000 Stunden", sagt Ingo Braun, der Pilot des Abends. Seit 35 Jahren ist er im Polizeidienst, „eine solche Lage habe ich noch nicht erlebt", sagt er: „Wir waren alle sehr ergriffen."

Doch die Männer sind nicht nur einfach ergriffen, sie wollen helfen – aber sie wissen nicht wie. Retten kann dieser Hubschrauber nicht: Er besitzt keine Seilwinde. „Mit dem Hubschrauber da 'ranzufliegen und jemanden über die Kufen zu retten, das ist einfach in der Nachtzeit und bei dem Wetter nicht möglich", erklärt Kreutz dem Ausschuss. In Filmen mache sich so etwas gut, im realen Leben gefährde man damit eher den zu Rettenden.

Dazu kommt ein weiteres Problem: Das Polizeipräsidium Koblenz funkt sie an und bittet sie abzudrehen – die Notrufe laufen heiß. Die Menschen glauben, der Hubschrauber komme, um sie zu retten. „Die Leute gerieten in Panik wegen dem Hubschrauber", berichtet Polizeiführerin Marita Simon: „Es war kontraproduktiv."

Die Hubschrauberbesatzung dreht ab, sucht andere Wege, um zu helfen. „Unsere Idee war, die Feuerwehr zu alarmieren, und mit unserer Wärmebildkamera eine Brücke zu bilden, uns als Instrument dazwischenzuschalten, um die Einsatzkräfte zu lenken", berichtet Kreutz: „Unser Ansatz war: Es ist dunkel, es gibt Hilfeschreie, wir helfen denen, die Leute am Boden zu lokalisieren." Doch auch das sei nicht umsetzbar gewesen: „Die Rückmeldung war: Die Strömung ist viel zu stark, das wäre ein Himmelfahrtskommando gewesen", berichtet Kreutz.

Eine Möglichkeit bleibt den Männern noch: Aus dem Hubschrauber heraus telefoniert die Besatzung mit der Leitstelle in Koblenz, nach der Landung gegen 23.30 Uhr auch mit dem Innenministerium in Mainz. „Ich habe sehr deutlich gemacht, wie die Lage ist", betont Kreutz: „Das ist höchstwahrscheinlich die schlimmste Lage, die Rheinland-Pfalz in den letzten Jahren getroffen hat." Der Kollege solle unbedingt „jeden Polizeibeamten, den er kriegen kann, ins Ahrtal schicken", gibt Kreutz noch mit.

Die Kollegen, die das Telefonat mithören, bestätigen: Die Aussage sei sehr deutlich gewesen, Kreutz habe sehr klar gemacht, dass die Lage im Ahrtal „bedrohlich, ernst" sei. Allerspätestens jetzt ist klar: Im Lagezentrum des Innenministeriums wissen sie gegen 23.30 Uhr ganz exakt, dass eine Katastrophe im Gange ist, sie wissen von einer Flutwelle und von Menschen in Lebensgefahr – und zwar von vielen Menschen.

Der Hubschrauber steigt an diesem Abend noch zweimal in die Luft: Um 0.30 Uhr startet er zu einem zweiten Aufklärungsflug nach Schuld im Ahrtal, der Flug ist nur kurz, schon um 01.30 Uhr ist der Hubschrauber wieder am Boden. Bei diesem zweiten Flug sehen sie, dass nun auch Sinzig langsam unter Wasser steht – im oberen Teil der Ahr ist das Ausmaß längst dramatisch. Im Funkverkehr der Polizei ist inzwischen komplette Hektik, ja Chaos ausgebrochen, wie die Hubschrauberkollegen notieren: „Bei unserem zweiten Flug wurde per Funk über Leichensäcke diskutiert." Ein „normales Hochwasser" ist das schon lange nicht mehr, und das ist allen Kollegen klar.

Die Hubschrauber-Besatzung schickt anschließend noch vier Fotos an das Lagezentrum im Innenministerium, Fotos, die Kreutz aus dem Hubschrauber mit seinem Handy macht. Für die Spiegelreflexkamera ist es zu diesem Zeitpunkt schon zu dunkel im Tal, die Fotos werden unscharf – Kreutz greift deshalb zum Handy, das aufgehellte Bilder fertigen kann. Die Fotos zeigen die Ortslagen Altenahr, Liers und Schuld, und sie zeigen einen großen Bereich entlang der Ahr, der komplett geflutet ist.

„Eine Flutwelle ist nicht erkennbar gewesen"

Um kurz vor 23.00 Uhr leitet das Lagezentrum die brisanten Informationen über das geflutete Tal an das Büro des Innenministers weiter. Lewentz' Büroleiterin schickt sie um 23.04 Uhr per E-Mail an Lewentz persönlich – samt Kurzbericht über die Lage. Von den sechs eingestürzten Häusern in Schuld ist jetzt explizit die Rede.

Um 23.46 Uhr bekommt Lewentz dann auch die Fotos aus dem Polizeihubschrauber zugeschickt, seine Reaktion darauf schildert der Minister so: „Da war klar, es ist in Ahrweiler ein schweres Hochwasser eingetreten, aber eine Flutwelle ist nicht erkennbar gewesen."

Die Opposition ist fassungslos: „Wer solche Videos nicht als Handlungsaufforderung begreift, ist fehl am Platz", schimpft CDU-Landeschef Christian Baldauf. Lewentz habe mehr als genug „Hinweise auf eine Katastrophe historischen Ausmaßes" und auf Menschenleben in Gefahr gehabt. „Da muss eine Landesregierung sofort mit allen Kräften und Maßnahmen in den Startlöchern stehen und darf sich nicht schlafen legen!", schimpft Baldauf.

Spätestens jetzt hätte der Minister handeln müssen: Lagezentrum aufsuchen, großen Krisenstab einberufen, Führung zeigen, die Bundeswehr alarmieren, damit sofort Hubschrauber geschickt werden. In Luxemburg rufen sie zu derselben Stunde den Krisenstab zusammen, ebenso in NRW – Innenminister Herbert Reul (CDU) setzt sich in seinem Urlaubsort ins Auto und eilt zurück nach Düsseldorf.

In Rheinland-Pfalz aber geschieht nichts dergleichen. Innenminister Lewentz versucht noch, das Landeskommando der Bundeswehr in Rheinland-Pfalz zu erreichen, über das Ergebnis ist nichts bekannt. Und auch zur Warnung der Bevölkerung hätte der Minister beitragen können, argumentiert die CDU: Das „Drittsenderecht" im Rundfunk-Staatsvertrag ermächtigt Bundes- und Landesregierungen, in Katastrophenfällen unverzüglich Warnungen an die Öffentlichkeit über die öffentlich-rechtlichen Sender zu verkünden.

Der Innenminister hätte also alle Möglichkeiten gehabt, eine Warnung über die Medien auszulösen, ja, er hätte sie auslösen müssen, klagt die Opposition: „Damit wären viele Todesopfer am Unterlauf der Ahr vermeidbar gewesen." Doch die Medien informiert selbst jetzt niemand.

Um 00.53 Uhr schickt die Hubschrauber-Besatzung schließlich sogar noch einen schriftlichen Einsatzbericht ins Ministerium nach Mainz. In dem Bericht zu „Flugauftrag Nr.

5942" heißt es wörtlich: „So stehen ab der Ortslage Dernau bis zur Ortslage Schuld, in fast allen Gemeinden entlang der Ahr, zahlreiche Häuser bis zum Dach im Wasser." Auch von „starker Strömung" der Ahr ist die Rede, ebenso von den SOS-Signalen der Bewohner mittels Taschenlampen aus ihren Häusern.

Spätestens jetzt hat das Lagezentrum im Innenministerium die Informationen sogar schriftlich vorliegen, die Mär von der unklaren Lage erweist sich als genau das: Ein Schutzmärchen. Um 00.58 Uhr schreibt Lewentz seine dramatische Textnachricht von der eskalierenden Lage an Malu Dreyer, er informiert sie über die eingestürzten Häuser in Schuld, über den Hubschrauberflug, über Menschen mit Taschenlampen auf Hausdächern: „Es gab wohl ganz traurige Szenen."

Das Rätsel der verschwundenen Polizei-Videos

Die Videos aus der Flutnacht erreichen indes weder das Innenministerium noch die Leitstelle in Koblenz. Das Wetter ist zu schlecht und die Funkleitungen sind überlastet. Die Männer aus dem Hubschrauber geben an, sie hätten die Videos nach der Landung auf einen USB-Stick gezogen, doch wo genau der verbleibt, wird bis zum Schluss ein Rätsel bleiben. Die Videos hätten spätestens im Februar 2022 dem Untersuchungsausschuss zur Aufklärung der Flutkatastrophe übersandt werden müssen – doch das geschieht nicht. Erst im September 2022 tauchen die brisanten Polizeivideos plötzlich im Aktenraum des U-Ausschusses auf – und lassen die Abgeordneten aus allen Wolken fallen.

Und nicht nur die: Auch die Staatsanwaltschaft Koblenz meldet plötzlich, die Videos kenne man ja gar nicht – jetzt wird die Sache endgültig zum Skandal. In den Tagen danach kommen immer mehr Ungereimtheiten ans Licht: Im Innenministerium behauptet man zunächst, man habe die Existenz der Videos nicht verheimlicht – sie hätten auf einer Liste mit vorhandenem Beweismaterial gestanden, die dem U-Ausschuss im Oktober 2021 zugeschickt worden sei.

Tatsächlich ist auf dieser Liste das Wort „Video" vermerkt – im Singular, und ohne jede weitere Zuordnung zur Flutnacht. Das Dokument enthält keinerlei Hinweis darauf, dass hier brisantes Videomaterial aus der Flutnacht vorliegt. Erst auf eine Anfrage des AfD-Obmanns Michael Frisch im Ausschuss im August 2022 nach „weiterem Videomaterial" werden die Filme per USB-Stick nach Mainz geschickt – und kommen dort am 9. September an. Erst am 19. September werden sie aber dem U-Ausschuss zugestellt, vier Tage vor der nächsten Vernehmung von Minister Lewentz.

Weitere Recherchen legen offen: Der Einsatzbericht der Hubschrauberpiloten aus der Flutnacht wurde dem U-Ausschuss nicht vorgelegt, ebenso wenig eine E-Mail der Koblenzer Polizeiführerin Simon mit einer deutlichen Schilderung der Katastrophe im Ahrtal. Ein vom Innenministerium eilig selbst eingesetzter Revisor findet insgesamt 900 E-Mails aus dem Lagezentrum des Innenministeriums, die dem Ausschuss nicht zugingen. Alles Zufall?

Eine absichtliche Vertuschung sei für ihn „nicht erkennbar gewesen", betont Christian Seel, Richter, CDU-Politiker und Ex-Innenstaatssekretär aus dem Saarland – der Revisor sollte eigentlich „Transparenz hinsichtlich der Aktenlieferung an den Untersuchungsausschuss herstellen, um Widersprüche aufzuklären".

Acht Wochen lang prüft und forscht Seel, er findet „Fehler" und „falsch abgelegte" Dateien in mehr als 80 Unterordnern. Warum aber das Ministerium nicht in der Lage war, dem Ausschuss alle Unterlagen rechtzeitig und vollständig vorzulegen, warum ausgerechnet die Dateien verschwanden, die der Erzählung des Ministers widersprachen – dafür hat Seel keine Erklärung.

Auf Nachfrage muss der Revisor aber einräumen: Die Mitarbeiter hätten „Entscheidungsspielraum gehabt", welche Unterlagen sie an den Ausschuss weiterreichten und welche nicht. Das aber hätte gar nicht sein dürfen: Aktenbeiziehungsbeschlüsse sind verbindlich, Raum für Interpretationen, was wichtig ist und was nicht, gibt es da nicht.

Die Staatssekretärin im Innenministerium, Nicole Steingass, erklärt gegenüber Journalisten gar, man habe den brisanten Einsatzbericht der Hubschrauberpiloten erst kurz vor der Vernehmung im Ausschuss „wiedergefunden": Er sei in einem Unterordner falsch abgelegt gewesen. Wie denn dieser Unterordner benannt gewesen sei, will daraufhin eine Journalistin wissen. Die Antwort der Staatssekretärin: „Der Ordner hieß „Hochwasser/Lichtbilder_Berichte zu Luftaufnahmen".

An Zufall glaubt jetzt niemand mehr: Die Opposition spricht von „einer Vertuschung großen Stils" und dem Versuch, die Aufklärungsarbeit zu behindern. Es ist der gravierendste, aber nicht der einzige Fall: Anfang November liefert die Landesregierung dem Ausschuss noch einmal 49 Videos aus dem Zeitraum der Flutkatastrophe nach, zugestellt werden sie einen halben Tag vor der nächsten Sitzung. Mitte November tauchen weitere 120 Videos der Dienstaufsicht ADD auf – dieses Mal sind es zwei Tage vor der nächsten Sitzung. Für die Abgeordneten ist es ein Ding der Unmöglichkeit, das Material rechtzeitig zu sichten. Das Vertrauen in die Aufklärungsbereitschaft der Landesregierung ist spätestens jetzt tief erschüttert.

Zu diesem Zeitpunkt heißt der Innenminister schon nicht mehr Roger Lewentz: Nach der Veröffentlichung der Videos aus der Flutnacht wächst der Druck auf ihn quasi stündlich. Lewentz windet sich indes und verteidigt sich: In den Videos sehe man doch gar „keine zerstörten Häuser". Die „unvorstellbaren Zerstörungen", die die Fluten im Ahrtal auslösten, „diese Vorstellung hatte ich in der Nacht nicht", sagt er.

Als Lewentz schließlich in einem Interview auch noch betont, er hätte nicht anders gehandelt, selbst wenn er die Videos gekannt hätte, setzt das dem Ganzen die Krone auf. Die Opposition beraumt eine Aussprache im Landtag an und lädt für den Folgetag die Piloten der Flutnacht als Zeugen vor den U-Ausschuss – das ist zu viel Druck: Am 12. Oktober tritt Lewentz zurück.

Er habe Ministerpräsidentin Malu Dreyer seinen Rücktritt angeboten, sagt er in einer dürren Mitteilung: „Heute übernehme ich für in meinem Verantwortungsbereich gemachte Fehler die politische Verantwortung." Von eigenen Fehlern spricht der Minister nicht – das Wort Ahrtal kommt in seiner Stellungnahme nicht vor.

Kapitel 13: Die Aufsichtsbehörde ADD: Unvorbereitet in die Katastrophe

Wer aber hätte denn nun in der Flutnacht die Zügel an sich ziehen, wer hätte den Einsatz leiten, die Hilfskräfte koordinieren müssen? Die Verordnung des Landes Rheinland-Pfalz in Sachen Katastrophenschutz ist da eigentlich sehr eindeutig: Die Dienstaufsichtsbehörde ADD ist als Mittelbehörde zuständig, wenn eine Katastrophe eintritt, die mehrere Landkreise umfasst.

ADD – das Kürzel steht für „Aufsichts- und Dienstleistungsdirektion", die Behörde ist eine rheinland-pfälzische Besonderheit. Im Jahr 2000 wurde sie als Mittelbehörde anstelle der drei früheren Bezirksregierungen geschaffen, als Mittler zwischen Landkreisen und Städten auf der einen Seite und dem zuständigen Innenministerium des Landes auf der anderen. Seither ist die ADD – wie ihr Name es sagt – für die Dienstaufsicht über Kreise und Städte zuständig.

Die ADD prüft und verwaltet die Haushalte der Kommunen, sie führt die Aufsicht über die Schulen im Land sowie den Bereich Landwirtschaft und Weinbau, sie koordiniert die Flüchtlingsunterbringung – und sie ist zuständig für den übergeordneten Bereich des Brand- und Katastrophenschutzes, also für die Aufgaben des Landes. Doch das heißt nicht, dass sie bei der ADD in Krisenmanagement geübt sind, oder gar einen eingespielten Krisenstab vorhalten – das Gegenteil ist der Fall. Und genau daran scheitert in der Nacht des 14. Juli 2021 eine koordinierte, groß angelegte Hilfsaktion für das Ahrtal. Auf die Idee, die Menschen im Tal zu warnen, kommen sie hier schon gleich gar nicht.

Es ist der 13. Juli, als der zuständige Referatsleiter für den Bereich Katastrophenschutz seinen Präsidenten Thomas Linnertz aufsucht. Heinz Wolschendorf darf sich „Landesbrand- und Katastrophenschutzinspekteur" nennen, er gilt als erfahrener Feuerwehrmann und Beamter. Am 13. Juli schlägt er Linnertz vor, die „Koordinierungsstelle" der ADD einzusetzen – der Grund: die steigenden Pegel am Rhein und die Vorhersagen der Wetterdienste über erhebliche Regenmengen.

Koordinierung statt Krisenstab

Es ist kein Krisenstab, wie man eigentlich erwarten sollte: Die „Koordinierungsstelle Katastrophenschutz" ist mehr eine Beobachtungs- und Organisationsstelle, wie Linnertz im April 2022 im Untersuchungsausschuss berichten wird: Einerseits liefere man Beobachtungen über wichtige Katastrophenereignisse in Richtung Innenministerium, andererseits sei man Ansprechpartner für die örtlichen Bürgermeister und Feuerwehren für übergeordnete Hilfe.

„Es geht letztlich auch darum, überörtliche Hilfe aus dem Land zu organisieren, falls die Kräfte des Landkreises allein nicht ausreichen, um eine Lage zu bewältigen", erklärt Linnertz dem parlamentarischen Untersuchungsgremium, und betont: „Damit ist keine Einsatzleitung verbunden." Man übernehme vielmehr „die Koordinierung von Hilfskräften und Einsatzmitteln" bei einem größeren Schadensereignis.

Allerdings ist das nicht alles, was die ADD im Krisenfall eigentlich liefern soll: Im „Landesgesetz über den Brandschutz, die allgemeine Hilfe und den Katastrophenschutz" des Landes Rheinland-Pfalz ist die Übernahme von Einsatzleitungen im Krisenfall klar geregelt. Und dort heißt es: Im Katastrophenfall hat die Einsatzleitung zunächst der Bürgermeister, wenn mehrere Gemeinden in einem Landkreis betroffen sind, übernimmt der Landrat. Sind aber mehrere

Landkreise betroffen – dann übernimmt die Einsatzleitung die ADD.

Vorgesehen ist das vor allem für den Fall eines Nuklearunfalls und AKW-GAUS, aber auch „für sonstige Gefahr bringende Ereignisse (...), die mehrere Landkreise oder kreisfreie Städte betreffen und zentrale Abwehrmaßnahmen erfordern." So steht es im Gesetz – doch so versteht es die ADD offenbar nicht. Denn eine echte Einsatzleitung tritt in der Flutnacht in der ADD nicht zusammen.

Stattdessen konzentriert man sich auf Berichte und Berichtspflichten: Um 11.00 Uhr am 14. Juli richtet die ADD ihre „Koordinierungsstelle" ein und fordert alle Brand- und Katastrophenschutzinspekteure in den Gemeinden auf, Meldung zu machen, wenn etwas passiert. Wovor die Wetterdienste genau warnen, entnimmt man den Medien, Hochwassermeldungen studieren sie hier nicht – die Pegelstände sagen den Beamten in der Trierer Behörde ohnehin nichts.

Irrfahrt durch die Vulkaneifel

Gegen 16.45 Uhr beschließen Wolschendorf und Linnertz, die ADD in Trier zu verlassen und aufs Land rauszufahren. Die Herren wollen eine Technische Einsatzleitung besuchen, also einen Krisenstab in einer Kommune, die Wahl fällt auf den Vulkaneifelkreis. Als Grund gibt Linnertz an: Aus dem Kreis seien zu dem Zeitpunkt bereits erste Meldungen eingegangen, man habe „zeigen wollen, dass wir die Lage ernst nehmen und die Kommunen unterstützen", man habe auch sich selbst vor Ort einen Eindruck verschaffen wollen.

Zufall oder nicht: Der Vulkaneifelkreis ist auch die Heimat von ADD-Präsident Linnertz, der in Hallschlag bei Gerolstein aufwuchs. Tatsache ist: In der Flutnacht werden

Linnertz und sein Brandschutzinspekteur Wolschendorf über Stunden durch den nächtlichen Vulkaneifelkreis fahren – fern der ADD und ihrer Koordinierungsstelle. Sie werden ausgerechnet die beiden Landkreise besuchen, die in Sachen Katastrophenschutz mit am besten aufgestellt sind, anstatt sich in Dorsel, wo Menschenrettung gebraucht wird, „selbst ein Bild" von der Lage zu machen. Erst gegen Mitternacht werden die beiden Herren nach Trier zurückkehren – und erst dann feststellen, welche ungeheure Katastrophe sich im Ahrtal abspielt.

Gegen 18.00 Uhr starten die beiden Herren zu ihrem Rundtrip, der viel Zeit kosten und wenig Hilfreiches bringen wird. Zu dem Zeitpunkt wissen sie in der ADD auch längst, dass in Dorsel an der oberen Ahr der Campingplatz Stahlhütte unter Wasser steht, dass Menschen auf Dächern auf Hilfe warten. Linnertz selbst informiert Innenminister Lewentz über die Lage in Dorsel, und auch, dass die ADD versucht, „Hubschrauber zur Menschenrettung" zu bekommen.

Trotzdem zieht es den ADD-Präsidenten und seinen BKI nicht nach Dorsel, stattdessen organisiert Linnertz noch den Besuch von Lewentz in der Einsatzleitung in Bad Neuenahr-Ahrweiler. „Unterwegs zeigten sich bereits heftige Überflutungen", berichtet Linnertz später. Es habe sehr stark geregnet, Wiesen hätten unter Wasser gestanden, erste Straßen seien wegen Überflutungen gesperrt worden. Die Herren irren durch Gerolstein, rund 70 Kilometer von Trier entfernt, um 20.15 Uhr kommen sie in Hillesheim, nördlich von Gerolstein an. Linnertz und Wolschendorf sind jetzt nur noch rund 20 Kilometer von Dorsel und dem Ahrtal entfernt.

In Hillesheim bekommen die Herren „einen Lagevortrag", die noch recht neue Landrätin zeigt dem ADD-Chef den Entwurf einer Pressemitteilung: Die Schulen im Landkreis sollen am nächsten Tag zu bleiben, es gibt erhebliche Überschwemmungen im Kreis. Man „diskutiert, wie man den Rettungsdienst sicherstellen kann", berichtet Linnertz. Es werden wattfähige Fahrzeuge und Krankenwagen aus dem Kreis Cochem angefordert, ein überschwemmtes Altenheim wird besucht, schnell noch eine Pressekonferenz der Landrätin begleitet.

Gegen 22.00 Uhr fahren die Herren von der ADD wieder, dass zu diesem Zeitpunkt bereits mehr als das halbe Ahrtal von einer gigantischen Flutwelle verschlungen wird – sie wissen offenbar nichts davon. Dabei telefonieren sie auf der Fahrt noch mit dem Leiter der Abteilung Katastrophenschutz im Innenministerium, Eric Schäfer. Doch statt von Flutwelle ist im Auto der Herren aus Trier von nachlassenden Regenmengen die Rede.

Sie beschließen, noch einen Abstecher zum Krisenzentrum im Landkreis Bitburg-Prüm zu machen, das Zentrum liegt fast auf dem Weg, der Landkreis ist ebenfalls stark von Überflutungen betroffen. Die Prüm ist über die Ufer getreten, Öltanks schwimmen durch Orte, in einem Krankenhaus drohen Stromausfälle – die Dimensionen der Flut im Ahrtal werden hier aber nicht erreicht. Der Landkreis Bitburg-Prüm ist einer der wenigen Kreise in Rheinland-Pfalz, die ein echtes Katastrophenschutzzentrum haben, hier arbeitet hoch professionell ein Krisenstab – die Herren der ADD fahren nach 45 Minuten weiter.

In der Koordinierungsstelle der ADD ist da längst Land unter. Sechs Menschen halten hier in der Nacht die Stellung, später sind es dann acht. Sie nehmen Hilfegesuche entgegen, versuchen, Material, Hilfskräfte und Hubschrauber zu organisieren. „Wir haben diese Lage aber bewältigen können", sagt Linnertz später vor dem Ausschuss – den Menschen im

Tal stellt sich das anders dar: Hilfe aus der Luft kommt in der Nacht keine mehr – und Warnungen hat ohnehin niemand abgesetzt.

„Wieso fliegt die Bundespolizei nicht?"

Dabei haben sie sich bei der ADD quer durch die Republik telefoniert, selbst bei der Bundespolizei in Sankt Augustin fragen sie an. Dort heißt es auf Nachfrage: Die erste Anforderung zur Unterstützung mit Polizeihubschraubern zur Rettung von Menschenleben im Ahrtal sei bei der Bundespolizei in Sankt Augustin am 14. Juli 2021 um 20.48 Uhr eingegangen. Doch zum Einsatz kommt es nicht: „Der Einsatz von Polizeihubschraubern wurde geprüft", so die Bundespolizei. Doch die zu diesem Zeitpunkt herrschenden Wetterbedingungen hätten „einen Flugbetrieb im Gebiet des Ahrtals nicht zugelassen."

Dabei wird im Ahrtal just zu dieser Stunde sehr wohl geflogen: Der Hubschrauber der Kollegen aus Hessen ist da noch rettend unterwegs, ebenso ein Heli der Air Rescue vom Nürburgring – und ab 22.00 Uhr steigt schließlich auch der Hubschrauber der Polizeistaffel Rheinland-Pfalz auf und fliegt einmal komplett durch das Ahrtal. Der dramatische Bericht der Piloten und ihre Fotos gehen auch an die ADD, doch den Präsidenten und seinen Landesbrandschutzinspekteur erreicht das erst gegen Mitternacht.

Linnertz muss bei seiner Rückkehr nach Trier feststellen: An der Ahr ist Land unter, es gibt Vermisste und vermutlich Tote, und eingestürzte Häuser in Schuld. Um 21.19 Uhr ist in der ADD in Trier bereits die erste Meldung zu Schuld eingegangen, 24 Menschen seien zu retten, heißt es. Um Mitternacht wissen sie auch, dass auf den Dächern im Ahrtal Dutzende Menschen mit Taschenlampen um

Hilfe rufen, dass die Flutwelle weite Teile des Ahrtals verschlungen hat – und auf Sinzig zu rollt.

Dennoch passieren zwei Dinge nicht: Die ADD übernimmt nicht die Einsatzleitung über den Katastropheneinsatz. Und ADD-Präsident Linnertz stellt sich nicht als Kapitän auf die Brücke. Stattdessen fährt der Präsident gegen ein Uhr morgens nach Hause und legt sich ins Bett. „Ich wusste, dass am nächsten Tag auf uns eine Fülle von Aufgaben zukommen", verteidigte sich Linnertz vor dem Untersuchungsausschuss. Auch als sich der Ahrweiler Landrat Jürgen Pföhler gegen 1.30 Uhr Hilfe suchend an Linnertz wendet – es geht um ein überflutetes Krankenhaus –, verweist ihn Linnertz an die Koordinierungsstelle.

Erst am Morgen des 15. Juli, gegen 7.00 Uhr, ist Linnertz eigenen Angaben zufolge zurück in der ADD und versucht, sich einen Überblick zu verschaffen. Man zählt Vermisste und Meldungen über Tote, man informiert sich über geschlossene Schulen. Die Einsatzleitung übernimmt die ADD auch jetzt nicht – obwohl ein halbes Dutzend Landkreise und das gesamte Ahrtal betroffen sind. Erst später werden Einsatzkräfte aus anderen Bundesländern feststellen: Bei der ADD hat man von Krisenstäben überhaupt keine Ahnung.

Am 16. Juli bietet die ADD dem Ahrweiler Landrat Pföhler an, die Einsatzleitung zu übernehmen – Pföhler lehnt ab. Erst als sich Wolschendorf persönlich vor Ort begibt, erkennt er, wie chaotisch die Lage in Ahrweiler ist: Der viel zu kleine Einsatzraum im Keller, die teils abgeschnittene Kommunikation, die völlig überforderte und desorientierte Einsatzleitung. Am 17. Juli übernimmt die ADD die Einsatzleitung und richtet oberhalb des Ahrtals ein Krisenzentrum ein – ausgerechnet in der Bundesakademie für Bevölkerungsschutz und Zivile Verteidigung (BABZ).

Einsatzpläne „auf so eine Katastrophe nicht ausgerichtet"

Warum aber hat die ADD in der Flutnacht nicht eingegriffen, warum zog man nicht die Einsatzleitung an sich – spätestens gegen Mitternacht? In der Trierer Behörde kommen sie offenbar gar nicht auf die Idee, aller Katastrophenmeldungen zum Trotz. „Im Grunde haben alle Einsatzleitungen gearbeitet", sagt Linnertz im Ausschuss, es klingt irgendwie hilflos. Kommt die Dramatik der Lage im Ahrtal in Trier nicht an?

Man sei ja auch auf Lageberichte aus den Kommunen angewiesen, verteidigt sich Linnertz, und Lageberichte kamen eher spärlich. Ein Gutachter wird später ausführen: Die ADD hätte nicht einfach passiv dasitzen und auf Berichte warten dürfen – sie habe auch eine Holschuld für Informationen.

Man habe ja versucht, aus verschiedenen Quellen Informationen zu bekommen, auch aus Medien, erklärt Linnertz – *mit* den Medien redet man indes nicht. Es habe sich dann am Morgen des 15. Juli „alles immer mehr in Richtung Ahrweiler verdichtet" – diese Wortwahl benutzt Linnertz allen Ernstes vor dem Untersuchungsausschuss. Dass vor Ort Krisenstäbe überfordert sein könnten, davon will der ADD-Präsident nichts gewusst haben – es hat ja keiner gesagt: Ach, übrigens, wir sind gerade überfordert.

Doch Linnertz fragt eben auch nicht nach, er versucht nicht aktiv, selbst Informationen einzuholen – er verlässt sich auf den Lagebericht am nächsten Morgen. „Wir sind ja nicht die Einsatzleitung in dem Sinne, dass wir in die Einsätze vor Ort hätten eingreifen können", sagt der Präsident, dessen Aufgabe genau das gewesen wäre. Die Fraktionen der Ampel-Regierung im Untersuchungsausschuss, allen voran die SPD, werden das bis zum Schluss bestreiten.

Andere Experten seien bei der rechtlichen Bewertung der Frage der Zuständigkeit im konkreten Fall der Flutnacht

„zu dem eindeutigen Schluss gekommen, dass die Zuständigkeit eben nicht auf Landesebene lag", behauptet der Obmann der SPD, Nico Steinbach, und warnt sogar noch: „Ein Übergang der Einsatzleitung im Zweifel ohne Wissen der nachgeordneten Ebenen und ohne klar definierten Punkt, ist praxisfern und vor allem gefährlich."

Dabei gibt Innenstaatssekretär Randolf Stich selbst vor dem Untersuchungsausschuss noch zu Protokoll: Die operativen Stäbe im Katastrophenfall „liegen bei den Kommunen, der beim Land liegt bei der ADD." Doch hier sind sie für eine Katastrophe gar nicht gerüstet, wie Linnertz selbst im Untersuchungsausschuss einräumen muss: Der Katastrophenschutzplan der ADD sei gar nicht „auf so eine Katastrophe ausgerichtet" gewesen, die Einsatzpläne auf ein Großschadensereignis nicht angepasst.

Und so stolpert die ADD auch nach der Flutkatastrophe durch die Einsatzleitung. Man muss sich von Kollegen aus anderen Bundesländern die Grundlagen einer Stabsarbeit erklären lassen, Experten für Katastrophenschutz aus Bayern oder Niedersachsen staunen über die Unkenntnis der Trierer Beamten. Dort hat man weder das Krisenmanagement von Großschadenslagen geübt, noch einen Verwaltungsstab eingeplant – im Krisenfall ein unverzichtbares Organisationsinstrument, um Lebensnotwendiges wie Essen, Unterkünfte und Aufräumen zu koordinieren.

„Wir waren deshalb auch nicht vorgeschult", räumt Heinz Wolschendorf vor dem Untersuchungsausschuss ein – im Ahrtal sprechen sie vom „Hügel der Ahnungslosen". Die für Krisenschutz in der ADD maßgeblich zuständige Vizepräsidentin Begoña Hermann wiederum findet nichts dabei, am 31. Juli – also nur zwei Wochen nach der Flutkatastrophe – für zwei Wochen in den Urlaub nach Kalifornien zu fliegen. Hermann gibt als Grund einen Privaturlaub an, in die USA reist sie aber mit einem Ausnahmevisum für dringende Dienstreisen ein – noch gelten Corona-Beschränkungen, Privatreisen in die USA sind zu dem Zeitpunkt gar nicht möglich. Gegen die ADD-Vizepräsidentin läuft inzwischen ein Disziplinarverfahren wegen Vortäuschen einer Dienstreise.

Anderen Abteilungsleitern wird der Urlaub gestrichen, wegen Unverzichtbarkeit – für die Vizepräsidentin gilt das offenbar nicht. Man könne „fast den Eindruck gewinnen, dass die Technische Einsatzleitung und der Verwaltungsstab gar froh waren, dass die Dame im Urlaub war", argwöhnt der Obmann der Freien Wähler, Stephan Wefelscheid, daraufhin – der Vorgang wirft ein beredtes Schlaglicht darauf, wie wenig man in der ADD auf ein effizientes Krisenmanagement vorbereitet war.

„Bekämpfung durch Nichtstun gibt es nicht"

Und warum übernahm das Innenministerium in Mainz mit seinem Lagezentrum nicht in der Flutnacht selbst die Einsatzkoordination? Der Krisenstab im Ministerium habe „eben keine operativ-taktische Aufgabe", sondern sei lediglich „ein administrativ-organisatorischer Verwaltungsstab", wehrt Staatssekretär Stich ab.

Kurz gesagt: Für eine Krise großen Ausmaßes fühlt sich niemand verantwortlich. Die ADD hat eine „Koordinierungsstelle" statt einem Krisenstab, im Ministerium sieht man sich als Lagebeobachter mit Krisenunterstützung. Abwarten, aktiv werden nur auf Anforderung, und möglichst keine Verantwortung übernehmen – so sieht es aus, das Krisenmanagement des Landes Rheinland-Pfalz.

Nach einer Katastrophe werde immer gerne „ein Blame Game gespielt", erklärt der Verfassungsrechtler Professor Christoph Gusy aus Bielefeld im September 2022 vor dem Ausschuss in Mainz: „Jeder erklärt, dass er alles richtig gemacht hat." Gusy ist als Gutachter zu der Frage bestellt, ob die ADD denn nun rechtlich gesehen die Einsatzleitung hätte übernehmen müssen – der Experte kommt ebenso wie ein zweiter Gutachter zu einem klaren Ergebnis.

Die ADD hätte ständig prüfen müssen, ob die Lage in den Einsatzleitungen vor Ort noch unter Kontrolle sei, oder ob sie selbst übernehmen müsse – und sie habe „eine Pflicht", sich aktiv zu informieren. Abzuwarten, ob jemand „Hier" ruft, reiche nicht aus – wenn es genug Hinweise auf eine Großkatastrophe gebe, die mehrere Landkreise umfasst, müsse die ADD die Einsatzleitung auch übernehmen.

„In keinem Fall erfüllt die ADD ihre Aufgaben, indem sie jemanden ans Telefon setzt – das reicht nicht aus", konstatierte Gusy trocken: „Bekämpfung durch Nichtstun gibt es in der Regel nicht." Vor Ort hingegen sei „Heldenhaftes" geschehen, sagt Gusy noch. In der Tat: Die wahren Helden der Flutnacht sind die Retter vor Ort.

Kapitel 14: Die wahren Helden der Flutnacht

Die Flutwelle im Ahrtal – sie hätte wohl noch viel mehr Menschen das Leben gekostet, wenn es sie nicht gegeben hätte: die Feuerwehrleute, Polizisten und Rettungssanitäter vor Ort, die Bürgermeister und die Hubschrauberpiloten, die irgendwann einfach nicht mehr fragten, ob ihnen irgendjemand Befehle gibt oder nicht – sie warfen Regeln über Bord, sie improvisierten und packten an.

Sie sind die wahren Helden der Flutnacht. Ohne mit der Wimper zu zucken, haben sie Hunderten Menschen im Ahrtal das Leben gerettet – wie viele es genau sind, weiß niemand. Gezählt werden die Toten, die Lebenden aber kennen ihre Schutzengel. Es gibt deren Hunderte, zig Geschichten von Menschen, die in der Nacht zu Helden wurden. Es sind ihre Geschichten, die zeigen, wann und wie Katastrophenschutz am besten funktioniert.

Tobias Lussi (26), Wehrführer Schuld, Berufsfeuerwehrmann

Ja, es habe Warnungen des Deutschen Wetterdienstes gegeben, berichtet Tobias Lussi – vor Starkregen. „Die Warnungen ersetzten sich schlagartig durch Fakten, als wir nach Schuld kamen", so berichtet es der junge Wehrführer dem Untersuchungsausschuss in Mainz Mitte Mai 2022. Als Lussi gegen 22.00 Uhr in dem Örtchen Schuld an der Oberen Ahr ankommt, steht das Dorf bereits seit Stunden unter Wasser.

Gegen 19.00 Uhr steht Helmut Lussi, Bürgermeister von Schuld und ein entfernter Verwandter von Tobias Lussi, auf einer Anhöhe oberhalb des Ortes. Die Kirche steht hier oben, in sicherer Entfernung zur Ahr, unten rauscht eine Flutwelle, wie sie Lussi nie zuvor gesehen hat. „Das kann man sich gar nicht vorstellen, wie schnell und mit welcher Gewalt das Wasser kam", berichtet er. Es reißt Baumstämme mit sich, Wohnwagen – und schließlich Häuser. „Ich habe gesehen, wie das Wasser über die Straße lief und das erste Haus in den Fluten versank", erzählt er: „Das kann man sich nicht vorstellen – innerhalb von 2 bis 3 Minuten war das komplette Haus weg."

In Müsch, wenige Kilometer oberhalb von Schuld, erlebt Lussis Kollege Udo Adriany, wie sich vor seiner Brücke über die Ahr eine Wand von Campingwagen aufstaut. „Irgendwann gab es einen riesigen Knall, dann war auch dieser Damm gebrochen", berichtet Adriany – die Fluten pulverisieren die Dorfbrücke, eine riesige Flutwelle stürzt danach das Ahrtal hinunter.

Um 22.00 Uhr sei „die Katastrophe in vollem Gange" gewesen, berichtet Wehrführer Tobias Lussi. Die Ahr rauscht da bereits mit einem Pegel von acht Metern durch Schuld und trennt die Ortsteile unüberbrückbar voneinander. „Wir haben dann gerettet, was noch zu retten ist", sagt der Wehrführer nur. Lussi wartet nicht ab, ob ihm irgendjemand einen Auftrag gibt: „Wir haben aus eigenem Handeln heraus Warnungen an die Bevölkerung ausgesprochen, und unter Einsatz des eigenen Lebens die Frauen und Männer aus den Häusern vor dem Ertrinken gerettet", sagt er schlicht.

Der Zufall kommt dem jungen, energischen Wehrführer zu Hilfe: Die DLRG trifft ein, und sie hat tatsächlich Boote dabei. Nur: Die Boote haben keine tragbaren Leitern zur Rettung – die aber besitzt die Feuerwehr. Lussi trifft eine Entscheidung, und er trifft sie schnell, es ist eine unorthodoxe Vorgehensweise im deutschen Katastrophenschutz: Er kombiniert Feuerwehr mit DLRG und Boote mit Leitern, lässt Gruppen von je zwei Personen bilden. „Ich habe diese Leute quasi den Häuserkampf machen lassen", sagt er: „So konnten wir viele Menschen vor dem sicheren Ertrinken retten."

40 Menschen werden es am Ende sein. Jeden einzelnen Einwohner von Schuld können sie retten, oft unter Einsatz ihres eigenen Lebens. „Es war ein Wunder, dass ich da überhaupt rauskam und heute hier vor Ihnen sitze", sagt Lussi. Doch damit nicht genug: Er versucht, Schwimmpanzer der Bundeswehr zu bekommen, ruft einen Kumpel bei der Bundeswehr an, der sagt: „Ja, ich fordere sie dir an." Die Panzer kommen auch, aber erst Tage später, Rettungs-Hubschrauber kommen in jener Nacht gar nicht nach Schuld. „Eine explizite Warnung vor dieser Katastrophe und diesem Starkregen hat es nie gegeben", sagt Lussi noch.

Tobias Michels (44), Notfallsanitäter, Air Rescue Nürburgring

Tobias Michels hat in jener Schicksalsnacht Dienst bei der Air Rescue-Einheit der Johanniter am Nürburgring. Der 44-jährige Notfallsanitäter wird mit seiner Hubschrauber-Crew zum Campingplatz Stahlhütte gerufen, es wären „mehrere Menschen von Hochwasser eingeschlossen", wird ihm gesagt. Michels und seine Crew fliegen los, und schon „beim ersten Überflug war uns klar, dass das kein normales Hochwasser mehr ist", erklärt er dem Untersuchungsausschuss in Mainz. Es ist irgendwann zwischen 17.00 Uhr und 18.00 Uhr am Mittwochnachmittag, und die Ahr steigt schnell.

Nach ein, zwei Überflügen entschließt sich Michels zur Landung, er braucht Informationen, kann selbst aus der Luft nichts sehen. Der Einsatzleiter berichtet ihm von eingeschlossenen Menschen, „da war uns klar: Wir brauchen Hubschrauber mit Seilwinde", sagt Michels. Doch eine Seilwinde hat sein Hubschrauber nicht, tatsächlich gibt es in ganz

Rheinland-Pfalz keinen einzigen Hubschrauber, der damit ausgestattet ist. „Das Problem ist, eine Winde ist sehr teuer, und die Kosten will keiner tragen", sagt Michels. In Rheinland-Pfalz verlässt man sich auf eine Kooperation mit den Nachbarn in Hessen. Doch Hessen und seine Hubschrauberstaffeln in Darmstadt und Wiesbaden sind jetzt weit weg.

„Wir haben dann Handykontakt mit der Leitstelle Koblenz aufgenommen, gesagt wir brauchen Hubschrauber mit Seilwinde, wie sieht es aus", berichtet Michels. Dort sei man aber „noch in der Klärung" gewesen, ein Hubschrauber ist nicht in Aussicht – Michels ist zum Nichtstun verdammt. Doch das kommt für den Luftretter schlicht nicht infrage: „Wir müssen jetzt aktiv werden, wir können nicht rumstehen und gar nichts tun", sagt er.

Michels und seine Kollegen beschließen ein wahres MacGyver-Manöver und räumen dafür den ganzen Hubschrauber aus. „Ich habe mich hinten zum Notarzt gesetzt, wir haben uns an den Sitzen festgeschnallt und uns untereinander mit Gurten gesichert", schildert Michels. Dann werfen sie ein Feuerwehrseil aus dem Hubschrauber hinunter zu den Eingeschlossenen und versuchen, sie durchs Wasser zum rettenden Ufer zu ziehen.

„Der Feuerwehrmann hat den zu Rettenden festgebunden und ihn mit einem beherzten Schubs ins Wasser geschmissen", berichtet Michels. Hochziehen sei unmöglich gewesen, also wollen sie den Angeseilten durchs Wasser ans Ufer ziehen. „Das war die einzige Möglichkeit, Menschen zu retten", sagt Michels. Es ist ein verzweifeltes Manöver – aber es glückt.

Als erstes retten sie mehrere Menschen von dem Toilettenhäuschen des Campingplatzes, dann müssen sie tanken fliegen, kommen wieder, retten zwei weitere Menschen vor den Fluten. Der Feuerwehrmann von dem Toilettenhäuschen kann sogar mit Hund direkt in den Heli einsteigen. „Dann kam Udo Kraatz und sagte, meine Tochter ist immer noch da drin“, sagt Michels. Katharina wird später gemeinsam mit einer bettlägerigen Frau samt dem Campingwagen von den Fluten davongerissen werden, sie können sie nicht mehr retten.

Die Rettungscrew fliegt über den Campingplatz, sie suchen, doch es wird immer dunkler und leerer. „Beim ersten Überflug konnte man noch Taschenlampen sehen aus den Campingwagen, die waren dann aber nicht mehr da“, sagt Michels: „Man sah nur noch Wasser, keine Gebäude mehr, keine Campingwagen. Nur noch Wasser und Geröll.“

Ob ihn die Integrierte Leitstelle in Koblenz mal nach seiner Lageeinschätzung gefragt habe, wird Michels von den Landtagsabgeordneten gefragt. „Nein“, sagt er. In der Integrierten Leitstelle der Rettungsdienste in Koblenz gehen in jener Nacht mehr als 5100 Notrufe alleine aus dem Ahrtal ein. „Das Klingeln aus Koblenz war durchgehend im Hintergrund zu hören“, sagt Michels: „Wir haben denen gesagt, dass wir fünf Personen retten konnten – dann war die Kommunikation auch schon beendet.“

Erst nach dem Einsatz kommt ihm zu Bewusstsein, was gerade passiert ist. „Ich habe dann meine Frau angerufen und habe ihr gesagt: Hier ertrinken gerade Menschen, hier sterben gerade Menschen im Ahrtal.“

Stefan Goldmann (53), Rettungspilot, ADAC-Hubschrauber Christoph

Seit 1999 ist Stefan Goldmann beim Bundeswehrkrankenhaus in Koblenz für Einsätze mit dem Hubschrauber Christoph zuständig, um 17.00 Uhr fliegt er an jenem 14. Juli einen Patienten von Koblenz nach Siegburg. Um kurz nach sechs ist er dort, das Wetter ist bereits sehr schlecht, in der Einsatzstelle laufen die Telefone heiß. Goldmann wird mit seinem Hubschrauber nach Rheinbach geschickt, um 18.51 Uhr startet er. „Auf dem Weg dorthin konnten wir feststellen, dass die Lage extrem wurde", berichtet Goldmann vor dem Untersuchungsausschuss im Mainzer Landtag.

In das Haus, aus dem sie einen Mann retten sollen, läuft bereits das Wasser, den Eigentümer finden sie ertrunken im Keller. Goldmann fliegt zurück nach Koblenz, von dort wird er ins Ahrtal geschickt, es ist ungefähr 20.00 Uhr und noch hell. „Was ich dort gesehen habe, hat sich mir eingebrannt", sagt er. Goldmann sieht Bilder unter sich im Tal, dass er schon nach kurzer Zeit sagt: „Das ist alles nicht mehr normal."

Er bittet seine Assistentin, Videos zu machen. Das ist eigentlich gegen die Vorschriften, aber das ist Goldmann jetzt egal. Um 20.52 Uhr landet er oberhalb vom Ahrtal und schickt seine Bilder und Videos an die Leitstelle in Koblenz. „Da habe ich berichtet, dass ich so etwas in 20 Jahren nicht erlebt habe", sagt Goldmann: „Dass ich gerade sehe, wie Menschen untergehen in ihren Autos, Häuser weggerissen werden, Menschen um Hilfe rufen – und ich kann ihnen nicht helfen."

Goldmann fleht die Kollegen an, „man möge alles alarmieren, um Menschen zu retten." Gegen 21.00 Uhr lässt er seine Maschine wieder an, doch der Motor macht Probleme, läuft unrund. Irgendwann gegen 21.15 Uhr entscheidet er, den Einsatz abzubrechen, um 21.30 Uhr ist er zurück, noch einmal schickt er Bilder in Richtung Leitstelle. Goldmann kontaktiert auch seine Ansprechpartner beim ADAC-Notruf in München, er schickt seine Bilder auch dorthin.

In München sitzt per Zufall der gesamte Führungskreis der ADAC-Luftrettung zusammen, die Kollegen seien von seinen Bildern „sehr beeindruckt" gewesen, sagt Goldmann:

„Und sie waren in der Lage, sehr schnell Entscheidungen zu treffen." Die Kollegen aktivieren noch in der Nacht neue Hubschrauber, sie kommen am nächsten Tag ins Ahrtal – und retten mehr als 36 Personen von Dächern und aus Bäumen.

Dennis Ritter (47), Oberfeldarzt, Bundeswehrkrankenhaus Koblenz

Dennis Ritter bekommt am Abend des 14. Juli 2021 kurz nach Ende des „Heute Journals" um 22.15 Uhr einen Anruf. Der leitende Oberarzt am Bundeswehrkrankenhaus in Koblenz ist Rettungsarzt, die Leitstelle in Koblenz bittet um Hilfe – und berichtet von Menschen, die auf Dächern ausharren müssen, durch Fluten schwimmen, ertrinken. Ritter versucht zu organisieren, was zu organisieren geht: Menschen, Material, geländegängige sowie gepanzerte Fahrzeuge.

Bis 23.00 Uhr telefoniert und organisiert Ritter, auch das Landeskommando der Bundeswehr in Mainz ruft er an – die Kollegen wissen offenbar noch von nichts. Er bittet sie, ein erstes Hilfegesuch in Richtung Bundeswehrführung auf den Weg zu bringen. Ob er den Krisenstab besetzen solle, fragt der Kollege in Mainz. Ja, das möge er bitte tun, sagt Ritter, da komme noch mehr.

Sechs Fahrzeuge kann Ritter beiziehen, gegen 23.30 Uhr geht es los Richtung Ahrtal, gegen 1.00 Uhr kommen sie dort an. Die Einsatzplanung gestaltet sich schwierig – in Ahrweiler hat längst niemand mehr einen Überblick, schon gar nicht der Krisenstab der Kreisverwaltung. Gegen 2.15 Uhr machen sich Ritter und seine Leute auf zu einem Hotel, an der Lindenmühle retten sie den eingeschlossenen Hotelier. Die Bundeswehr besitzt, was der Feuerwehr fehlt: geländegängige Unimogs, die auch durch meterhohes Wasser fahren können – selbst dann noch, wenn das Wasser schon in der Fahrerkabine steht.

Ritter und seine Besatzung holen weitere Menschen von einem Balkon im 1. Stock eines Hauses auf das Dach ihres Unimogs und bringen sie in Sicherheit. „Unsere Kameraden haben parallel dazu Menschen aus den Häusern geholt“, berichtet Ritter. Die Einsatzleitung meint, sie sollten die Geretteten nach Grafschaft bringen, ein Ort auf der Anhöhe über dem Ahrtal. „Das habe ich abgelehnt – so eine Verschwendung von Zeit“, sagt Ritter. Menschen retten – das ist jetzt das oberste Gebot. Fast 150 Menschen werden sie in dieser Nacht in Sicherheit bringen.

Bis 5.00 Uhr morgens bleiben die Bundeswehr-Retter im Bereich Ahrweiler im Einsatz, an eine Episode erinnert sich Ritter besonders gut: „Auf einem Mühlrad saß ein Anwohner, der sein Auto wegfahren wollte, es aber nicht mehr zurück ins Haus schaffte“, erzählt Ritter, „er hatte zirka drei Stunden durchnässt auf dem Mühlrad verbracht.“

Ritter schafft es, mit seinem Fahrzeug an das Mäuerchen zu fahren, der Arzt sitzt am Steuer, sehen kann er so gut wie nichts. „Es ist unglaublich, welche Kräfte an den Reifen gezerrt haben“, erinnert er sich. Seine zwei jüngeren Kollegen bergen den Mann vom Mühlrad, weiter in Richtung Ahr kommen sie schon nicht mehr: „Wir haben dann entschieden, Hilferufe aus dem tiefer gelegenen Bereich nicht annehmen zu können“, sagt Ritter. Das Risiko für die Retter ist zu hoch.

Stattdessen werden die Bundeswehr-Experten auf Erkundung geschickt, fahren von Ahrweiler aus Richtung Walporzheim und merken schnell: Hier ist kein Durchkommen mehr. „Es lagen massive Trümmerteile auf der Straße“, berichtet Ritter. Sie kämpfen sich über die Höhe in Richtung

Marienthal und Dernau vor und stellen erschrocken fest, wie viele Menschen in ihren Häusern eingeschlossen sind.

Gegen 7.00 Uhr fordert Ritter mehr Hubschrauber an, das Flugwetter sei da inzwischen wieder gut gewesen, sagt er – trotzdem nehmen sie den ersten Hubschrauber in Dernau erst gegen 12.00 Uhr mittags wahr. „Warum, entzieht sich meiner Kenntnis", sagt Ritter. In Dernau bietet sich ihnen um 7.00 Uhr morgens ein erschreckendes Bild: Praktisch der gesamte Ort steht unter Wasser, viele Häuser noch immer meterhoch. Sie beginnen damit, die Häuser zu durchsuchen, sie finden erste Leichen.

„Das Wasser hatte immer noch eine enorme Kraft, es war eine sehr schwierige Situation", berichtet Ritter. Etwa 50 Menschen fahren sie über die Kreisstraße zu einem höheren Punkt über Dernau, unten im Tal gibt es zu dem Zeitpunkt keinerlei Kommunikation mehr. „Ein ehemaliges Frühchen haben wir noch rausgeholt, das an ein Beatmungsgerät angeschlossen war", erinnert sich Ritter noch, „die Batterien waren kurz vor Ende." Es geht gut aus: Die Retter bringen das Kind in Sicherheit.

Kapitel 15: Fazit – Zeitenwende für den Katastrophenschutz

Warnapps, die nicht warnen. Verantwortliche, die blind im Nebel stochern. Überforderte Ehrenamtler, die für so eine Krise überhaupt nicht ausgebildet sind. Und Leitstellen, die im Jahr 2021 auf ein Fax warten, das nie kommt – das ist die Realität im Katastrophenschutz in Deutschland Anno 2021.

Die Flutkatastrophe im Ahrtal hat schonungslos offengelegt, was in Deutschland lange ignoriert wurde: Wir sind in Sachen Krisenmanagement miserabel aufgestellt. Unsere Konzepte stammen aus früheren Jahrhunderten, unsere Organisation ist weit davon entfernt, professionell aufgestellt zu sein. Deutschland verlässt sich im dritten Jahrtausend noch immer vor allem auf zwei Prinzipien: Freiwilligkeit und Ehrenamt. Oder wie es der Autor und Krisenexperte Andy Neumann ausdrückt: „Katastrophe! Ist! Kreisliga!"

Neumann weiß, wovon er redet, der BKA-Beamte leitet eine Abteilung im Bundeskriminalamt in Meckenheim bei Bonn, die sich um das Krisenmanagement bei Terrorlagen kümmert. Am 14. Juli 2021 setzte die gigantische Flutwelle im Ahrtal auch sein Haus bei Ahrweiler unter Wasser, bis hinauf zum ersten Stock. Neumann nutzt seither seine berufliche Expertise, um Verbesserungen in Sachen Katastrophenschutz anzumahnen.

Am 4. Juli 2022 nahm er an einer Anhörung des Innenausschusses des Deutschen Bundestages zum Thema Aufstellung des Katastrophenschutzes in Deutschland teil – und sagte dabei jenen plakativen Satz. Kreisliga – das ist ausdrücklich keine Abwertung der zigtausend ehrenamtlichen Feuerwehrleute und Rettungskräfte in dieser Republik, die viel Freizeit opfern, um im Notfall Gebäude zu löschen und Menschen zu retten.

Im Ahrtal taten die Rettungskräfte das in der Flutnacht bravourös und oft unter Einsatz ihres eigenen Lebens: Sie stürzten sich in Fluten und stemmten sich gegen Wassermassen, sie warnten und evakuierten. Wie viele Menschen ihnen ihr Leben verdanken – niemand weiß es. Gezählt werden nur die Verwundeten und Toten, doch klar ist: Die freiwilligen Retter – sie haben in dieser Flutnacht Hunderte Leben gerettet.

Viele von ihnen haben vor dem Untersuchungsausschuss des Mainzer Landtags ausgesagt, und was sie sagten, war immer dasselbe: Überfordert – das waren wir eigentlich schon nach kürzester Zeit.

Und wie könnte es auch anders sein? Die gigantische Flutwelle im Ahrtal, die Autos und Wohnwagen wie Spielzeug wegriss, Brücken sprengte und ganze Häuser versenkte, sie hätte Mittel erfordert, die keine Freiwillige Feuerwehr vor Ort besitzt: Unimogs und Rettungsboote, Hubschrauber mit Seilwinden und eine Koordinierung über Kreisgrenzen hinweg.

Doch in Deutschland gibt es eine solche Ausrüstung in den Kreisen und Kommunen nicht: Seit Jahrzehnten wurde am Katastrophenschutz gespart, seit dem Ende des Kalten Krieges Warninstrumente wie Sirenen oder Schutzräume und Bunker abgebaut. Das betrifft beileibe nicht nur das Ahrtal: In der Landeshauptstadt Mainz, einer Großstadt mit rund 220 000 Einwohnern gibt es heute, im Frühjahr 2023, keinen einzigen Schutzbunker mehr – und lediglich die Hälfte der Stadt wird noch von Sirenen abgedeckt.

Nach dem Fall des Eisernen Vorhangs und dem Ende des Kalten Krieges schien der Krieg ganz weit weg – und seine so kostspieligen Einrichtungen überflüssig. In Rheinland-Pfalz verfügt die Mehrzahl der Kreise und Städte nicht einmal über ein eigenes Katastrophenschutzzentrum für Notfälle, wie eine Kleine Anfrage der Freien Wähler im Landtag ergab. Die Stadt Bad Kreuznach, der Landkreis Bitburg-Prüm, der Rhein-Pfalz-

Kreis, sie haben solche Zentren eingerichtet – 21 Kreise und Städte aber antworteten auf entsprechende Nachfrage des Innenministeriums entweder mit Nein oder gar nicht.

„Die Antwort hat es in sich", sagte der Fraktionschef der Freien Wähler, Joachim Streit: „Wer gewappnet sein will, muss in Ausstattung und Personal investieren – und das lange vor der Katastrophe." In manchen Gemeinden gibt es zwar sogenannte „Führungsräume", doch die Bandbreite dessen, was das heißt, ist groß: Mancherorts versteht man darunter einen Besprechungsraum für den Krisenstab, woanders sind es immerhin Räume mit EDV-Ausrüstung und Telefonen.

Tatsächlich muss das Mainzer Innenministerium einräumen, der Begriff des „Katastrophenschutzzentrums" sei „nicht eindeutig definiert", vorgeschrieben waren solche Zentren bisher ebenfalls nicht – niemand kontrollierte, ob und wie sich die Kommunen in Sachen Katastrophenschutz überhaupt aufstellen. Konkrete Katastrophenschutzpläne sind in den Kommunen ebenfalls Mangelware – in einer Großstadt wie Mainz etwa gibt es nicht einmal Evakuierungspläne für Großschadenslagen.

Viel zu lange sind Kreise und Städte damit durchgekommen – und viel zu lange haben Bund und Länder die Notwendigkeit, steuernd einzugreifen, ignoriert. Nun haben wir den Salat: Nichts ist gut im Katastrophenschutz, und würde sich eine Katastrophe, wie im Ahrtal morgen wieder ereignen – wir wären genauso schlecht aufgestellt wie vor zwei Jahren.

Katastrophenschutz ist Kreisliga

Das liegt vor allem an einem Grundproblem: Katastrophenschutz ist in Deutschland Sache der Kommunen. Städte und Landkreise, sie haben die Zuständigkeit für die Feuerwehren und Katastrophenschutzeinheiten, hier wird entschieden und hier werden sie ausgerüstet – oder eben auch nicht. Denn vielen Kommunen in Deutschland geht es finanziell schlecht: Schulen und Kitas, Sozialhilfeausgaben, die Unterbringung von Flüchtlingen, die Instandhaltung von Straßen, Gebäuden, Schwimmbädern – viele Kommunen wissen schlicht nicht, woher das Geld für die ganzen Aufgaben nehmen.

In Rheinland-Pfalz gilt das ganz besonders: Laut der Bertelsmann-Stiftung liegen von den zehn am höchsten verschuldeten Kommunen Deutschlands sieben in Rheinland-Pfalz. Und von den 20 mit Kassenkrediten am höchsten verschuldeten Landkreisen der Republik finden sich elf in ebendiesem Bundesland. Die Folgen: Sanierungen werden aufgeschoben, dringend notwendige Investitionen unterbleiben – und das gilt auch für den Katastrophenschutz. Neue Feuerwehrgeräte sind teuer, also wird nur angeschafft, was unbedingt nötig ist.

Das gilt im Übrigen auch für das Land Rheinland-Pfalz selbst: 2016 mussten bereits beim damaligen „Jahrhunderthochwasser“ an der Ahr Menschen von Campingwagen vor den Fluten gerettet werden. Schon damals fehlten Hubschrauber mit Seilwinde, ja es fehlte sogar an flugfähigen Maschinen generell – doch bis 2021 änderte sich an dem Zustand nichts.

2021, in der Flutnacht, besaß Rheinland-Pfalz noch immer keinen einzigen Hubschrauber mit lebensrettender Seilwinde, aus dem Fehlen hatte man auch nach 2016 nichts gelernt. Stattdessen verließ man sich auf die Kooperation mit dem Nachbarland Hessen: Die dortige Polizei-Fliegerstaffel besaß 2021 zwei Helikopter mit Seilwinden – nach der Flutkatastrophe im Ahrtal bestellten die Hessen umgehend einen dritten Helikopter samt Windenausrüstung.

In Rheinland-Pfalz ließ man sich Zeit: Erst ein Jahr nach der Flutkatastrophe, im Juli 2022, kündigte das Mainzer

Innenministerium die Beschaffung zweier neuer Polizeihubschrauber an – dieses Mal mit Rettungswinden. Der Haken: Die Maschinen werden erst 2024 erwartet. Für die Übergangszeit soll nun ein Intensivtransporthubschrauber der ADAC-Luftrettung in der Pfalz mit einer Winde ausgestattet werden.

Feuerwehren: Keine Unimogs, keine Geländegängigkeit

Doch auch am Boden sieht die Lage mau aus: „Wir haben zu wenig echte Katastrophenschutzfahrzeuge", sagte der Mainzer Oberbrandmeister Michael Ehresmann kurz nach der Flutkatastrophe in aller Offenheit: „Es gibt nichts, mit dem man mal in irgendeine Überflutung oder doch mal durch ein Gestrüpp fahren kann." Fahrzeuge mit Geländegängigkeit habe es früher flächendeckend gegeben, Unimogs mit Wassertanks auf der Ladefläche etwa. „Die sterben jetzt langsam aus", sagt Ehresmann – den Kommunen seien die Spezialfahrzeuge zu teuer.

Und so hat nicht einmal die Landeshauptstadt Mainz, die ja immerhin am Rhein liegt und eine Berufsfeuerwehr besitzt, noch solche Fahrzeuge – geschweige denn kleinere Freiwillige Wehren. Ehresmann erlebte bei der Flutkatastrophe in Trier-Ehrang selbst, wie ein Brand gemeldet wurde „in einem Haus, wo noch zwei Menschen waren – und man kommt nicht hin, weil die Umgebung drei Meter unter Wasser steht." Ein Amphibienfahrzeug des THW sei die Rettung gewesen.

In Trier stand zudem ein Altenheim unter Wasser, die Feuerwehr konnte das Haus nicht erreichen. „Wäre die Bundeswehr mit ihren Unimogs nicht da gewesen, wären die Leute im Altenheim tot. Punkt", sagt Ehresmann, und man spürt deutlich, wie sehr es ihn umtreibt: Sechs Tage nach der

Flutkatastrophe verfasst er seinen Brandbrief mit der schonungslosen Liste all dessen, was die Katastrophenhelfer alles nicht können: Es hakt beim Digitalfunk, bei umständlichen Meldeketten und veralteten Einsatzkonzepten.

„Digitalfunk ist eine Katastrophe", schreibt Ehresmann etwa. Hessische Kräfte könnten die örtliche Gruppe aus Rheinland-Pfalz nicht erreichen, die Kollegen aus Baden-Württemberg hätten gar keinen Digitalfunk – im Einsatz herrsche schnell Chaos. Die Leitstellen wiederum seien bei Großschadenslagen gar nicht mehr erreichbar, Informationsfluss Fehlanzeige. „Wir brauchen rote Telefone", fordert Ehresmann, prioritäre Leitungen, die für besondere Warnlagen frei blieben. Die Polizei habe das schon bei Amokläufen wie in Winnenden gelernt – umgesetzt wurde so etwas bei den Feuerwehren aber bisher nicht.

Krisenstäbe: Besetzung nach Zufall

Wer an einen Krisenstab denkt, erwartet eigentlich ein gut eingespieltes Team von Profis – doch weit gefehlt: Auch die Krisenstäbe sind in Rheinland-Pfalz erst einmal lokal angesiedelt, beim Landkreis oder der kreisfreien Stadt. Deren Einsatzkonzepte für Großschadenslagen aber stammten noch aus Zeiten, in denen „noch jeder im Ort in der Freiwilligen Feuerwehr war", erklärt Ehresmann – doch das ist lange her: Heute herrscht Nachwuchsmangel.

Berufsfeuerwehren gibt es in Rheinland-Pfalz nur in den sechs Städten Mainz, Ludwigshafen, Koblenz, Trier, Kaiserslautern und Worms. Der Großteil der Kommunen wird von Freiwilligen Feuerwehren abgedeckt: 51000 freiwillig-ehrenamtliche Einsatzkräfte verrichten in etwa 2250 Freiwilligen Feuerwehren ihren Dienst. Doch wie oft wird dort ein

Einsatz bei einer Großschadenslage geübt? Das Management im Krisenstab, die Organisation von Hilfsgütern – oder gar Evakuierungen?

In Ahrweiler gab es für die Besetzung des Krisenstabs zwar eine lange Liste mit 120 Namen – doch wer im Alarmfall davon auftaucht, ist dem Zufall überlassen. So bestand der Krisenstab in der Flutnacht am Ende aus lauter Ehrenamtlern, von denen die meisten noch nie in einem Krisenstab gearbeitet hatten – geschweige denn gemeinsam. Viele kannten sich untereinander nicht einmal, selbst gestandene Feuerwehrmänner bekannten: Trotz 35 Jahren Tätigkeit in der Freiwilligen Feuerwehr sei das ihr erster Einsatz in einem Krisenstab gewesen.

Ein Wunder ist das nicht: Für Großschadenslagen sind diese lokalen Krisenstäbe gar nicht ausgebildet – dafür ist eigentlich das Land zuständig. Doch selbst bei der zuständigen Dienstaufsicht ADD hatte man von der Bildung eines Krisenstabs für eine Großschadenslage keine Ahnung – die ADD-Mitarbeiter mussten sich erst einmal von Experten aus anderen Bundesländern über die Aufgabenverteilung in einem Krisenstab belehren lassen.

Zufall, Ehrenamt, schlecht ausgestattete Helfer und rudimentäre Ausbildung – so sieht vielerorts die Vorsorge für das Management in Krisenlagen aus. Dabei sei Krise etwas, was man üben müsse, sagen alle Experten unisono: Einen Krisenstab leitet man nicht „mal eben so", Krisenmanagement und die Beherrschung von Großschadenslagen ist ein veritabler Studiengang. „Krisenmanagement will gelernt sein", wissen die Experten.

In den meisten Kommunen aber wird nicht einmal regelmäßig geübt – der oberste Katastrophenschützer ist der Bürgermeister oder Landrat, aber wann war der eigentlich das letzte Mal bei einer Katastrophenübung? Also nicht nur fürs Foto, sondern aktiv eingebunden in die Vorgänge? In Ahrweiler hatten sie irgendwie „vergessen", einen Verwaltungsstab einzurichten, der Notunterbringungen, Hygienemaßnahmen und Lebensmittel hätte organisieren können – und die Evakuierung von Menschen.

„Wir haben Organigramme erstellt, wie man das umsetzen könnte", berichtete Kreisfeuerwehrinspekteur Udo Schumacher im Untersuchungsausschuss – umgesetzt wurden sie nie. In wie vielen Kommunen und Landkreisen ist das noch der Fall – und wer kontrolliert eigentlich das Krisenmanagement der Krisenmanager?

Das Land Rheinland-Pfalz jedenfalls, so ergab es eine Anfrage der Freien Wähler im Landtag, hatte sich nie die Mühe gemacht, seinen Kreisen und Kommunen auf die Finger zu sehen: Krisenstäbe, Übungen, Katastrophenschutzpläne – vorgeschrieben, aber nicht kontrolliert.

Was also, wenn demnächst eine Flutwelle durch die nächste Stadt rollt, oder – Gott bewahre – ein Flugzeug mitten im Wohngebiet abstürzt? Wenn flächendeckend der Strom ausfällt oder buchstäblich Land unter ist? Der Klimawandel hat die Wahrscheinlichkeit dafür exponentiell erhöht: Im Mai 2022 tobte ein Tornado durch Paderborn, im bayrischen Füssen schickte ein Unwetter nie gekannter Stärke Fluten durch den Ort.

Sturzfluten, Orkane, Tornados – Deutschland steckt mitten in den Wetterfolgen des Klimawandels, aber der Katastrophenschutz agiert, als sei „Hochwasser" das schlimmste, was passieren könnte.

Österreich: Sirenen, Evakuierungspläne, Warnzentralen

In Österreich haben sie nach den schweren Hochwasserfluten von 2002 und 2006 Konsequenzen gezogen: Seither gebe es in Niederösterreich eine engmaschige Alarmierungsstruktur, klare Führungsstrukturen bis hinunter in die Gemeinden, intensive Aufklärung der Bevölkerung sowie eine enge Zusammenarbeit mit dem österreichischen Rundfunk, berichtete Christoph Kainz, Präsident des niederösterreichischen Zivilschutzverbandes, im Januar 2022 in der Enquete-Kommission des Mainzer Landtags.

Die 573 Gemeinden verfügen über rund 2400 Sirenen, die jeden Samstag ausprobiert werden. Die Bevölkerung wird an jedem 1. Samstag im Oktober in den Alarmzeichen geschult, wenn bundesweit eine Zivilschutz-Alarmierung durchgeführt wird. Den Kommunen wird vom Land geholfen, Sondereinsatzschutzpläne für den Katastrophenfall zu erstellen, es geht um Gefahrenanalysen, Restrisikoanalysen und Evakuierungspläne sowie um Simulationen von Dammbrüchen und Hochwassern.

Am Ende steht ein großes Planspiel, bei dem die Pläne auch praktisch erprobt werden. Bei einem gemeinsamen Dammbruchszenario an der unteren Donau seien so kürzlich mehr als 3000 Haushalte zuhause besucht worden, „um ihnen am Küchentisch zu zeigen, was passiert, wenn das Wasser bis zur Dachrinne steht“, berichtete der Fachmann – das sei sehr gut angekommen. „Die Wahrheit ist den Bürgern durchaus zumutbar“, betont Kainz.

Dazu gebe es sehr enge Kontakte zum Österreichischen Rundfunk mit wöchentlich abgestimmten Alarmplänen. Als bei Tief „Bernd“ – das auch die Flutwelle im Ahrtal verursachte – für zwei Kommunen in Niederösterreich Zivilschutz-

Alarm ausgelöst wurde, „waren wir bereits sieben Minuten später im ORF auf Sendung, auch die Internetredaktion war acht Minuten später mit dabei", berichtete Stefan Kreuzer von der Landeswarnzentrale des niederösterreichischen Zivilschutzes.

Ab einer bestimmten Pegelhöhe der Flüsse „bekommen wir automatisierte Warnungen in die Landeswarnzentrale", erklärte Kreuzer weiter. Es gebe Bürgertelefone in der Zentrale, und bei 48-Stunden-Prognosen zusätzliche Unsicherheitsberechnungen. Man habe inzwischen die Menschen „auf die Pegel geschult, das ist auch sehr gut angekommen", sagte der Experte.

Zudem leiste sich jedes Bundesland in Österreich eine Landeswarnzentrale, der Einsatzstab auf Landesebene werde „sehr früh aktiviert", das habe sich bewährt.

„Eine Kommunikation per Fax ist Anno 21 einfach absurd"

In Deutschland basieren Warnketten hingegen immer noch auf Warnungen per Fax und Alarmierungsmeldungen, bei denen Kästchen angekreuzt werden müssen, wenn man Medien in eine Warnung einbeziehen will – mehr bürokratische Umständlichkeit geht nicht. Eine Kommunikation per Fax sei „Anno 21 einfach absurd", schimpfte kurz nach der Flutkatastrophe ein ausgewiesener Experte für das Thema: Albrecht Broemme, langjähriger Präsident der Bundesanstalt Technisches Hilfswerk.

Im Ahrtal habe es viel zu lange gedauert, bis die Zuständigen sich einen Lageüberblick verschafft hätten, kritisierte Broemme in einem Zeitungsinterview: Eine Katastrophe diesen Ausmaßes müsse durch „ein geordnetes System von großen Einsatzstellen" gemanagt werden. Ein typischer Kreisbrandmeister alleine sei damit überfordert – und nicht einmal die sind in Rheinland-Pfalz überall hauptamtliche Profis.

Kurz gesagt: Der Katastrophenschutz in Deutschland muss dringend professionalisiert werden. Es braucht gut ausgebildete Hauptamtliche in jeder Kommune, die eine Krise zu managen gelernt haben und Ehrenamtler steuern können. Es brauche geeignete Räume, ein Lagezentrum und mindestens eine durchgehende Rufbereitschaft 24/7, fordert auch Andy Neumann: Kompetenz bereits in der Kreisklasse.

Die Katastrophenstäbe müssten gezielter eingreifen, Evakuierungen müssten beherzt angeordnet und die Bevölkerung viel besser auf Katastrophen vorbereitet werden, forderte Broemme schon im Sommer 2021 – passiert ist davon bisher so gut wie nichts. Anfang 2022 legte er ein Grundsatzpapier im Auftrag der rheinland-pfälzischen Landesregierung vor: die Analyse „Strategien für Rheinland-Pfalz zur Vorbeugung, Vorbereitung, Koordinierung, Nachbereitung und zur verbesserten Resilienz" bei Unwetterereignissen.

Zehn Punkte für besseren Katastrophenschutz

Zehn Punkte für einen deutlich besseren und professionelleren Katastrophenschutz stellt Broemme darin vor, die wichtigsten lauten:

- ein jederzeit einsatzfähiger Krisenstab in jedem Landkreis und jeder Kommune, besetzt mit geeigneten, trainierten Personen aus den erforderlichen Sparten – einschließlich der Verwaltung.
- schnellere Einberufung der Krisenstäbe in Notlagen, um die Krise zu managen und zu zeigen: Der Ernst der Lage ist erkannt.
- frühzeitige, konkrete und mit exakten Informationen versehene Warnung der Bevölkerung.

- schnelle „horizontale“ Unterstützung von anderen Kommunen oder kreisfreien Städten oder Unterstützung „von oben“ durch den Landkreis.
- schon im Vorfeld Kooperationen mit Szenariospezifischen, externen Partnern aus Wirtschaft, Forschung, Verbänden und anderen Institutionen schließen: „Es gilt das 3K-Prinzip: ‚In Krisen Köpfe kennen‘“, schreibt Broemme.

Wer in einer Krise erst zu überlegen anfängt, woher er Trinkwasser, Toiletten, Unterkünfte oder Essen bekommt, geht mit großer Wahrscheinlichkeit unter. Das zeigte sich auch in der Corona-Pandemie: Plötzlich stellte man fest, dass die Vorratslager für Masken und Schutzanzüge leer waren. Im Ahrtal brach nach der Flut das völlige Chaos aus: Trinkwasser gab es schlicht nicht mehr, es wurde schließlich von Privatleuten und Supermärkten gespendet. Bis Dixi-Toiletten vor Ort ankamen, dauerte es Tage. Kontakte zu Akteuren in der Wirtschaft müssten im Vorfeld klar geregelt sein, sagt Broemme: Wer könne im Notfall was liefern?

Das gelte auch für Medienkontakte, betont der Krisenexperte – ein heikles Thema: Im Ahrtal kam kein einziger Bürgermeister oder Wehrführer auf die Idee, einfach mal jemanden beim Rundfunk, beim Fernsehen oder bei der Zeitung anzurufen. Selbst eine Bürgermeisterin wie Cornelia Weigand antwortete auf eine entsprechende Frage: Sie hätte gar keine Telefonnummer gehabt. Presseverteiler? Ansprechpartner in den Medien? Gar direkte Telefonnummern zum diensthabenden Chef vom Dienst? Unbekannt. Und so alarmierte niemand diejenigen mit der größten Reichweite. Nein – warnen können wir wahrhaftig nicht.

Krisenmanagement müsse trainiert werden, betont Broemme, dafür gebe es wissenschaftlich fundierte Methoden. „Das Krisenmanagement muss auf allen Verwaltungsebenen und in allen Behörden sowie seitens der Akteure institutionalisiert und gut geübt sein“, heißt es in Broemmes Papier explizit. Und auch die Bevölkerung müsse wieder Katastrophe lernen und üben, was Vorsorge heißt – vom Trinkwasservorrat im Haus bis zum Kennen von Sirenensignalen. „Man kann a) hoffen, dass sie aufhört zu heulen oder b) wissen, was man zu tun hat“, sagt Broemme trocken.

Lesson Learned?!

Und dann ist da noch die mangelhafte Fehlerkultur in deutschen Amtsstuben. Hier herrscht weitgehend die Haltung: Wer einen Fehler zugibt, hat verloren. „Bei der Feuerwehr Eigenkritik am Einsatz zu machen, ist völlig unüblich, da gibt es viel Angst davor, Fehler einzugestehen“, sagt etwa Broemme. Selbstkritisches Hinterfragen des eigenen Agierens nach dem Einsatz? Finde viel zu wenig statt, sagt der Experte, weil „alle Angst haben, dass sie dann wie blöde dastehen.“ Werde aber nie Kritik geübt, „wird man nie besser werden“: Es brauche eine Fehleraufarbeitung nach dem Motto „Lesson Learned“.

Doch hier hängt es, gerade auch in Rheinland-Pfalz. Zwei Jahre nach der Flutkatastrophe hat sich im Land in Sachen Katastrophenschutz kaum etwas getan. Im November 2022 stellte der frisch ins Amt gekommene Innenminister Michael Ebling (SPD) immerhin eine Art Interims-Lagezentrum vor: Einen neu ausgestatteten Stabsraum an der Feuerwehr- und Katastrophenschutzakademie des Landes in Koblenz. Von hier aus sollen nun sehr große Katastrophenlagen koordiniert und bei Bedarf auch geleitet werden können.

Ein echtes Lagezentrum mit Bereitschaft 24/7, mit Lagebeobachtung in Sachen Naturkatastrophen, Blackouts oder sonstigen Krisen – bisher Fehlanzeige. Ebling verspricht nun die Einrichtung eines solchen Lagezentrums, „das sei „bundesweit für die Flächenländer ein absolutes Novum und setzt neue Maßstäbe“, freute sich der Minister. Zeitpunkt der Umsetzung: Januar 2025. Das Lagezentrum soll Teil eines eigenen Landesamtes für Katastrophenschutz sein, wie Broemme es in seinem Papier auch fordert.

Ein solches Amt müsse Aufgaben wie Planung, Schulungen sowie Management besonderer Schadenslagen bündeln, unklaren Verantwortlichkeiten ein Ende setzen und überlastete Krisenstäbe verhindern. Ein Landesamt würde auch umfassende Pläne und Konzepte für Großkrisen vorbereiten – seien es Hochwasser oder Sturzfluten, Atomunfälle, Pandemien oder auch längere Stromausfälle. Bis dahin bleibt das Prinzip Hoffnung.

Virtuelle Freiwilligenteams, Kat-Leuchttürme in Kommunen

Dabei gibt es einfache Maßnahmen vor Ort, die im Bedarfsfall große Wirkung entfalten können: Broemme schlägt sogenannte „Virtual Operation Support Teams (VOST)“ vor, Teams von spezialisierten Freiwilligen, die im Alarmfall aus dem Homeoffice relevante Informationen suchen – etwa im Internet –, sie bewerten und dem Krisenstab übermitteln.

Im Ahrtal wäre genau das ungemein wertvoll gewesen: Niemand durchsuchte offenbar im Krisenstab in Ahrweiler das Netz nach Hilferufen und Informationen über die Flut, die Videos von Willi Willig gingen an den Krisenstäben schlicht vorbei. Dabei ist die Suche im Internet heutzutage doch eigentlich Alltag – aber: Wie viele Menschen wissen eigentlich, wie eine vernünftige Internetrecherche geht?

Definieren könnten – und müssten – die Kommunen vorab auch „Katastrophen-Leuchttürme“, betont Broemme: Stationäre oder vielleicht auch mobile Einrichtungen, sichere

Orte, die etwa auch bei längeren Störungen wie Stromausfall oder Zusammenbruch der Infrastruktur autark funktionieren. Die Kat-Leuchttürme wären zugleich Anlaufstelle für die Bevölkerung, die sich hier Informationen zur Lage holen, Handys aufladen und sich mit Trinkwasser, Lebensmitteln und Hygieneartikeln versorgen kann

„Weitere Aufgaben sind Erste Hilfe, Kindernotbetreuung, Anlaufstelle für Spontanhelfer, Organisation von Transporten, Ausgabe von Sachspenden sowie Treffpunkt der Nachbarschaft", schreibt Broemme weiter. Im Ahrtal entstanden nach der Flut in den Orten im Tal spontan genau solche „Leuchttürme", sie entstanden aus der Not heraus und wurden zu Versorgungszentren der Bevölkerung. Eigentlich aber sollte jede Kommune solche Versorgungspunkte im Vorfeld geplant und vorbereitet haben – und die Bevölkerung wissen, wo sie zu finden sind.

Dieselbe Bevölkerung weiß im Idealfall auch, was Sirenentöne bedeuten und was sie dann tun muss. Sie wurde bestenfalls über ein einheitliches Warnsystem auf Handys und über den Rundfunk gewarnt – das inzwischen eingeführte System des Cell Broadcast funktioniert jedoch in Deutschland weiterhin nicht reibungslos. Das hat Folgen, eine weitere Panne gab es 2023 bereits: Beim Amoklauf eines Schützen in einer Kirche der Zeugen Jehovas in Hamburg wurde eine ausgelöste Cell Broadcast-Warnung vor Lebensgefahr nur an Kunden der Deutschen Telekom und von Vodafone ausgespielt – Handys im Netz von Telefónica blieben stumm.

Die Medien als Feind und Gegner

Und was ist mit den Warnmeldungen bei den Hochwasserdiensten? Hat man dort die Informationen zu Wasserhöhen und Pegelständen so überarbeitet, dass sie nun auch für Laien verständlich sind? Haben Wetterdienste Konsequenzen gezogen? Noch immer warnt die App NINA am liebsten dann, wenn der Sturm schon vorbei ist, gibt es weiter ein Wirrwarr aus Wetterwarnung- und Katastrophenschutz-Apps – und noch immer bleiben Warnmeldungen nach Büroschluss einfach liegen.

Die Vorgabe des Landes Rheinland-Pfalz über das Faxen von Warnmeldungen an die Leitstelle wurde bis heute nicht geändert – noch immer warten wir auf „das Fax aus dem Jenseits". Und noch immer ist völlig ungeklärt, wer denn nun in einem Fall kompletter Funkstille die Bevölkerung warnt.

In Wuppertal haben sie nach der Flut die Meldekette in Richtung Medien noch einmal überarbeitet und klar definiert. Die Feuerwehr kann sich jetzt dort direkt aus der Leitstelle ins Programm einwählen – und die Feuerwehrleute werden von den Medienprofis geschult. In Rheinland-Pfalz hingegen herrschen weiterhin Skepsis bis Angst vor Medien in den Amtsstuben, die Distanz ist riesig, das Verständnis davon, was Journalisten an Informationen benötigen, oft gering.

Nein: Warnen können wir auch im Jahr 2023 noch nicht. Der Katastrophenschutz braucht eine Zeitenwende wie bei der Bundeswehr, in Sicht ist sie nicht. Es droht, was der erfahrene Ex-THW-Präsident süffisant so beschreibt: Die vorgeschlagenen Verbesserungen kosten Zeit, Geld und vor allem politischen und fachlichen Willen zur konsequenten Umsetzung – doch genau dieser Wille „erlahmt erfahrungsgemäß nach wenigen Monaten."

In Fachkreisen nenne man dies „Hochwasser-Demenz", sagt Broemme trocken: Der Mensch vergisst schneller, als man gucken kann. Die Neuaufstellung ist eine Mammutaufgabe, keine Frage, aber es einfach zu lassen, ist schlicht keine Option: Die Zeit drängt, extreme Unwetterschäden können inzwischen überall auftreten – und jederzeit. Aussagen, „dass ‚so etwas nicht für möglich zu halten wäre“, sagt Broemme noch, „entbehren inzwischen jeder Grundlage.“

Die Brandrede des Tobias Lussi

Es war am 16. Juli 2022, genau ein Jahr nach der Katastrophe im Ahrtal, als Tobias Lussi zu einer wahren Wutrede ansetzte. Der junge Wehrführer der Freiwilligen Feuerwehr von Schuld hatte mit seinen Kameraden in der Nacht vom 14. auf den 15. Juli 2021 insgesamt 24 Menschen in seinem Heimatort vor den Fluten gerettet, davon neun aus akuter Lebensgefahr.

Doch in das Gedenken an die Katastrophe mischte sich ein Jahr danach eine Menge Wut: Die Rede des Tobias Lussi wurde zur Brandrede. Was er sagte, traf nicht nur die Stimmung im Ahrtal, sondern hörte sich an wie eine Zusammenfassung dieses Buches. Die Worte des engagierten Wehrführers sollen es denn auch beschließen:

„Deutschland und Österreich sind die einzigen Länder, in denen der Katastrophenschutz auf Ehrenamt aufgebaut ist, unentgeltlich und in der Freizeit – ein nahezu einmaliges Prinzip. (...) Die ehrenamtlichen Einsatzkräfte waren es, welche das Kind, das die Politik in den Brunnen hat fallen lassen, retten wollten, und es mit allen Mitteln und aller Kraft auch getan haben – bis zur totalen seelischen und körperlichen Erschöpfung.

Die Politiker wiederum waren es, die im Vorfeld ihrer Arbeit nicht nachgekommen sind. Niemand wollte zuständig sein – und so ist es noch heute. (...) Politiker waren es, die während der Katastrophe ihr eigenes Hab und Gut gerettet haben. (...) Politiker waren es, die in Urlaub gefahren sind und all ihre Energie darauf verschwendet haben, ihren Arsch und das Ansehen ihrer Partei zu retten, und die Schuld auf andere zu schieben.

Machen war angesagt [in jener Nacht] – einfach machen. Und wer nicht dabei war, wird das nie verstehen. Das Ehrenamt hat das Ahrtal und das Land Rheinland-Pfalz vor Schlimmerem bewahrt, aber das Land zerstört dieses einmalige Prinzip des Ehrenamtes.

Wie wäre es, mal die ehrenamtlichen Entscheidungsträger zu fragen, wie der Katastrophenschutz angepasst werden muss? Wir sind der Katastrophenschutz. Wir wissen, wie es funktioniert, und wir wissen, wo es hakt. Doch das passiert nicht, und wir fragen uns: warum?

Liebes Land Rheinland-Pfalz, ich bin enttäuscht und gleichzeitig entsetzt: Würde eine Katastrophe in diesem Moment wiederkehren – wir stünden genauso schlecht da wie zuvor.

Rheinland-Pfalz – Du hast in meinen Augen nichts gelernt.“

Über die Autorin

Gisela Kirschstein wuchs in Bonn auf und studierte Englische und Amerikanische Literatur und Geschichte in Würzburg, Austin/Texas und Mainz. Seit 1997 beobachtet sie als Journalist in Politik, Land & Leute in Mainz, Rheinland-Pfalz und Hessen - und arbeitete unter anderem in dieser Zeit für ddp/dapd, Die Welt, die Frankfurter Neue Presse und den SWR. Für die Rhein-Zeitung war sie sieben Jahre lang in der Landespolitik tätig. 2014 gründete sie die Internetzeitung Mainz& (www.mainzund.de), deren Chefredakteurin und Herausgeberin sie ist: ein Regionalmagazin in Sachen Politik, Gesellschaft und Wein. Im Juli 2021 erlebte sie hautnah die Flutkatastrophe im Ahrtal mit und begleitete eng deren Aufarbeitung im Untersuchungsausschuss des Landtages Rheinland-Pfalz.